思想的・睿智的・獨見的

經典名著文庫

學術評議

丘為君　吳惠林　宋鎮照　林玉体　邱燮友
洪漢鼎　孫效智　秦夢群　高明士　高宣揚
張光宇　張炳陽　陳秀蓉　陳思賢　陳清秀
陳鼓應　曾永義　黃光國　黃光雄　黃昆輝
黃政傑　楊維哲　葉海煙　葉國良　廖達琪
劉滄龍　黎建球　盧美貴　薛化元　謝宗林
簡成熙　顏厥安（以姓氏筆畫排序）

策劃　楊榮川

五南圖書出版公司 印行

經典名著文庫

學術評議者簡介（依姓氏筆畫排序）

- 丘為君　美國俄亥俄州立大學歷史研究所博士
- 吳惠林　美國芝加哥大學經濟系訪問研究、臺灣大學經濟系博士
- 宋鎮照　美國佛羅里達大學社會學博士
- 林玉体　美國愛荷華大學哲學博士
- 邱燮友　國立臺灣師範大學國文研究所文學碩士
- 洪漢鼎　德國杜塞爾多夫大學榮譽博士
- 孫效智　德國慕尼黑哲學院哲學博士
- 秦夢群　美國麥迪遜威斯康辛大學博士
- 高明士　日本東京大學歷史學博士
- 高宣揚　巴黎第一大學哲學系博士
- 張光宇　美國加州大學柏克萊校區語言學博士
- 張炳陽　國立臺灣大學哲學研究所博士
- 陳秀蓉　國立臺灣大學理學院心理學研究所臨床心理學組博士
- 陳思賢　美國約翰霍普金斯大學政治學博士
- 陳清秀　美國喬治城大學訪問研究、臺灣大學法學博士
- 陳鼓應　國立臺灣大學哲學研究所
- 曾永義　國家文學博士、中央研究院院士
- 黃光國　美國夏威夷大學社會心理學博士
- 黃光雄　國家教育學博士
- 黃昆輝　美國北科羅拉多州立大學博士
- 黃政傑　美國麥迪遜威斯康辛大學博士
- 楊維哲　美國普林斯頓大學數學博士
- 葉海煙　私立輔仁大學哲學研究所博士
- 葉國良　國立臺灣大學中文所博士
- 廖達琪　美國密西根大學政治學博士
- 劉滄龍　德國柏林洪堡大學哲學博士
- 黎建球　私立輔仁大學哲學研究所博士
- 盧美貴　國立臺灣師範大學教育學博士
- 薛化元　國立臺灣大學歷史學系博士
- 謝宗林　美國聖路易華盛頓大學經濟研究所博士候選人
- 簡成熙　國立高雄師範大學教育研究所博士
- 顏厥安　德國慕尼黑大學法學博士

經典名著文庫043

烏托邦

湯瑪斯・摩爾 著
(Thomas More)
劉麟生 譯

經典永恆・名著常在

五十週年的獻禮・「經典名著文庫」出版緣起

總策劃 

五南，五十年了。半個世紀，人生旅程的一大半，我們走過來了。不敢說有多大成就，至少沒有凋零。

五南忝爲學術出版的一員，在大專教材、學術專著、知識讀本已出版逾七千種之後，面對著當今圖書界媚俗的追逐、淺碟化的內容以及碎片化的資訊圖景當中，我們思索著：邁向百年的未來歷程裡，我們能爲知識界、文化學術界做些什麼？在速食文化的生態下，有什麼值得讓人雋永品味的？

歷代經典・當今名著，經過時間的洗禮，千錘百鍊，流傳至今，光芒耀人；不僅使我們能領悟前人的智慧，同時也增深我們思考的深度與視野。十九世紀唯意志論開創者叔本華，在其「論閱讀和書籍」文中指出：「對任何時代所謂的暢銷書要持謹慎的態度。」他覺得讀書應該精挑細選，把時間用來閱讀那些「古今中外的偉大人物的著作」，閱讀那些「站在人類之巔的著作及享受不朽聲譽的人們的作品」。閱讀就要「讀原著」，是他的體悟。他甚至認爲，閱讀經典原著，勝過於親炙教誨。他說：

「一個人的著作是這個人的思想菁華。所以，儘管一個人具有偉大的思想能力，但閱讀這個人的著作總會比與這個人的交往獲得更多的內容。就最重要的方面而言，閱讀這些著作的確可以取代，甚至遠遠超過與這個人的近身交往。」

爲什麼？原因正在於這些著作正是他思想的完整呈現，是他所有的思考、研究和學習的結果；而與這個人的交往卻是片斷的、支離的、隨機的。何況，想與之交談，如今時空，只能徒呼負負，空留神往而已。

三十歲就當芝加哥大學校長、四十六歲榮任名譽校長的赫欽斯（Robert M. Hutchins, 1899-1977），是力倡人文教育的大師。「教育要教眞理」，是其名言，強調「經典就是人文教育最佳的方式」。他認爲：

「西方學術思想傳遞下來的永恆學識，即那些不因時代變遷而有所減損其價值的古代經典及現代名著，乃是眞正的文化菁華所在。」

這些經典在一定程度上代表西方文明發展的軌跡，故而他爲大學擬訂了從柏拉圖的「理想國」，以至愛因斯坦的「相對論」，構成著名的「大學百本經典名著課程」。成爲大學通識教育課程的典範。

歷代經典・當今名著，超越了時空，價值永恆。五南跟業界一樣，過去已偶有引進，但都未系統化的完整舖陳。我們決心投入巨資，有計畫的系統梳選，成立「經典名著文庫」，希望收入古今中外思想性的、充滿睿智與獨見的經典、名著，包括：

- 歷經千百年的時間洗禮，依然耀明的著作。遠溯二千三百年前，亞里斯多德的「尼各馬科倫理學」、柏拉圖的「理想國」，還有奧古斯丁的「懺悔錄」。
- 聲震寰宇、澤流遐裔的著作。西方哲學不用說，東方哲學中，我國的孔孟、老莊哲學，古印度毗耶娑（Vyāsa）的「薄伽梵歌」、日本鈴木大拙的「禪與心理分析」，都不缺漏。
- 成就一家之言，獨領風騷之名著。諸如伽森狄（Pierre Gassendi）與笛卡兒論戰的「對笛卡兒『沉思』的詰難」、達爾文（Darwin）的「物種起源」、米塞斯（Mises）的「人的行爲」，以至當今印度獲得諾貝爾經濟學獎阿馬蒂亞・森（Amartya Sen）的「貧困與饑荒」，及法國當代的哲學家及漢學家余蓮（François Jullien）的「功效論」。

梳選的書目已超過七百種，初期計劃首爲三百種。先從思想性的經典開始，漸次及於專業性的論著。「江山代有才人出，各領風騷數百年」，這是一項理想性的、永續性的巨大出版工程。不在意讀者的眾寡，只考慮它的學術價值，力求完整展現先哲思想的軌跡。雖然不符合商業經營模式的考量，但只要能爲知識界開啓一片智慧之窗，營造一座百花綻放的世界文明公園，任君遨遊、取菁吸蜜、嘉惠學子，於願足矣！

最後，要感謝學界的支持與熱心參與。擔任「學術評議」的專家，義務的提供建言；各書「導讀」的撰寫者，不計代價地導引讀者進入堂奧；而著譯者日以繼夜，伏案疾書，更是辛苦，感謝你們。也期待熱心文化傳承的智者參與耕耘，共同經營這座「世界文明公園」。如能得到廣大讀者的共鳴與滋潤，那麼經典永恆，名著常在。就不是夢想了！

二〇一七年八月一日

導讀

理想國——僧侶般的俗人湯瑪斯·摩爾所寫出的隱藏版政治神學

台灣大學政治系陳思賢教授

大家都已熟知，烏托邦式文獻是某些作家精心創發以寄寓其「理想國」的手段。其實所有政治哲學作品都是作者心中懷抱之理想政治的發抒，只是在形式上有無採用「烏托邦」形態之寫法而已。因此我們可以這麼說，大部分政治哲學作品在不同程度上都是「有實無名」的「烏托邦」，柏拉圖的《國家篇》（或譯爲理想國）（*The Republic*）開其宗，而只有少數的作品直接以虛構的「邦」爲其名與寫作形式面世，例如Christine de Pizan的*The Book of the City of Ladies, 1405*（女人國）；Tommaso Campanella的*The City of the Sun, 1602*（太陽之城）；James Harrington 的*The Commonwealth of Oceana*, 1656（海洋國）。當然，一五一六年摩爾的《烏托邦》爲其中最有代表性的，一般認爲書中的「理想之國」就是他對於未來美好英國的想像與對英國現狀的間接批判。

歷來解讀這本書，都是企圖發掘、呈現出摩爾的若干道德信念：他對於人的理想生活樣態的期盼，與對於最美好社會的想像。例如：鼓勵人對於身體健康與心靈寧靜的追求，鍛鍊手腦並用且過著德行與藝術的生活，以大自然爲師與之融爲一體、愛好動物且澤被萬物，實現平等互助、視人如親的公義社會與天下一家的國際和平等。摩爾刻劃出的這些憧憬與理想，幾世紀以來被人們不斷地閱讀與討論，也許大家已經對此烏托邦生活的瑰麗圖像耳熟能詳；現在我們不妨來追索一下另一組有趣的問題：摩爾的這些思想，可能是從何而來？他是以什麼樣的一個場所或是領域，作爲他筆下烏托邦的藍圖？

我們對於摩爾《烏托邦》一書的寫作背景，也許可以找出兩個線索，一個是他的天主教背景，另一個則是他與文藝復興大學者伊拉斯謨（Desiderius Erasmus）的相交。摩爾的生平正逢宗教改革的年代，馬丁路德如火如荼地進行與天主教的對抗，而英國的亨利八世也因爲婚姻問題和教廷決裂自立英國國教。摩爾卻終其一生是一位堅定的天主教徒，效忠梵諦岡，服膺其教義，「守道甚篤」，甚至「因爲篤信宗教，很想去做僧侶，但礙於家庭關係，不能如願」。這個天主教背景對於摩爾的命運影響很大，他就是因不願意爲亨利八世與梵諦岡決裂一事背書，最後竟遭處決。但是這個大主教背景對於他的核心思想與終極價値觀有什麼影響呢？我們稍後來探析。

伊拉斯謨是出身修道院的神職人員，但是卻對天主教會的種種腐敗與修院制度多所批評，以致於同爲神職人員的路德受其影響並尊崇欽佩他，一般都稱伊拉斯謨爲「宗教改革的晨星」（the morning star of the reformation），意即其爲「前驅者」。有趣的是摩爾與伊拉斯謨、路德恰恰相反，他想成爲僧侶卻不得，但是卻一意維護梵諦岡領導之教會，甚至最後可謂以身相殉。雖然面對教廷之立場差異很大，但是摩爾卻與伊拉斯謨是莫逆之交。我們很有理由相信伊拉斯謨的《愚人頌》（*The Praise of Folly*, 1508）對摩爾數年後起意撰寫《烏托邦》一書有所影響。兩者都是寄意於詼諧或奇譚的醒世作品，都相信針砭現世需要有特別的文體與技巧方能成事，因爲在當時極度保守的時空環境下，任何意欲批評、改造現狀的作品引發迴響的機會不大，更何況「以文字賈禍」是極爲可能的。《愚人頌》是伊拉斯謨旅居英國住在摩爾家時寫就的，但是其希臘文書名（*MoriaeEncomiun*）其實正好可以翻譯成拉丁文意義上的In Praise of More，也就是「讚美摩爾」的意思。因而世人應可以把摩爾稍後著述《烏托邦》一書看成是與《愚人頌》唱和之作。

前述提到，摩爾是虔誠的天主教徒，曾經嚮往修院的聖潔清靜生活。我們若是細加比對，就可發現：烏托邦內居民的生活，彷彿就是修院生活的投影。先就地理狀況與建制來看，就有雷同處。例如烏托邦內有五十四個城，每一個城「四周都有築牆，牆上都有碉堡，城的三面挖有壕溝，旁邊種滿了荊棘和矮樹，另外一面則是天然的護城河」。這就如同當時星羅棋布於歐洲土地上的修院之外觀景象一般。而城內「街上的房子櫛比鱗次，異常的整齊。每一家房屋……任何人都可以隨意進出，因爲室內的東西，都不是私人占有的。每隔十年，會以抽籤的方式交換房子」。而中餐和晚餐「都有固定的時間，中餐爲十二時，晚餐則爲下午五時。除了病人外，大家聽喇叭號聲，就會到餐廳吃飯」、「……他們用餐之前，必定會請一個人誦讀（這是摩爾家中的習慣）。誦讀的內容大部分都是關於禮節和修養問題……」這不禁讓我們想起修院中，修女或修士整齊排比的居室房間與修院內的「公共性」、「團體性」生活氛圍。此外，每個城市都由基層的「里長」共同選出一個市長，作爲行政長官，城市自行管理一切事宜，人民有時也可以透過全體會議表達意見，這些都與修院向有的自治管理相若（請注意本書年代是在十七、十八世紀民主紀元到來前百餘年，摩爾已主張由公眾推選出他們喜愛的領導者）。

而就居民的生活樣式來看，與修院成員的相似性又更高了。首先，烏托邦的城市是一個謀求自給自足的「生活共同體」，每一個居民都要從事農耕或是專精一項技藝，以滿足城市整體經濟生活之需要。但每天的工作時間不要過長（摩爾認爲是六小時），以便留有餘暇充實心靈、砥礪德行或是學習有益的知識。「晚飯之後，人民多半是從事娛樂。娛樂的地點，夏天在花園裡，冬天在公共食堂裡。娛樂的方式，或是演奏音樂，或是彼此談心交流，賭博或是其他有害的遊戲絕對沒有」、「在烏托邦華麗的衣服不被重視，絲綢被視爲賤品，就連黃金都變成可恥的象徵」、「他們認爲道德是合於自然的生活，人們受上帝的支配，順應自然界以行事，一切都是合於理性的」。以上種種豈不與修院生活之精神極其相像？（只有一點最大的差異，修院無論如何是主張和平的，但是烏托邦會從事「義戰」）。所以烏托邦的居民可以說是生活在充滿信仰喜悅的儉樸生活中。但非常特別的一點是，摩爾的烏托邦積極鼓舞人民發展宗教情懷，從信仰中尋得人生意義，但是卻容許宗教上的自由，包容不同的信仰，此在當時環境下甚爲難得。

我們現在可以來探究爲何摩爾想要把社會「修院化」，或是把修院的精神帶到社會來？從他對於平等、勤儉、智識與德行之重視，我們可知他很不滿於俗人社會中追求自利、物質慾望與驕滿虛榮的心態，而其主要之結構性原因就在於社會乃是由一個個的「家庭」所組成，每一個「家」都是「私」的，聚斂財富、追逐慾望、互相競比、沉淪虛華等「墮落」行爲，都在此中進行。「家」之上沒有一個更大的單位來有效地規範「家」中每一成員的精神與道德生活（往往國家只關切「稅收」），於是社會就朝向「人欲橫流」的方向發展。所以，摩爾就構思某種特殊「國家」的介入，作爲導正、指引「家」的機構。而作法呢？就是援引修院制度的精神，把我們已習慣的圍繞於「家」與「私」的邊界打破，而讓更大的「家」——就是烏托邦內的「城」——來代替血緣的「家」，讓全體人民生活在一個著重「公」或「公益」精神的「共同體」之下，砥礪德行，朝夕於斯，巨細於斯。摩爾讓他的烏托邦致力追求「公共福利」，實現眞正的「公道」。此處，摩爾的核心概念可說就是「以結構改變，引導出生活目標與生命價値之改變」。

我們或許可以把摩爾這種「社會修院化」的作法稱之爲某種政治神學，也就是把宗教情懷與宗教性組織帶入到俗人的日常生活中。往昔，宗教是「個人化」的，每個人自行決定要虔敬或是敷衍、要進入修院作「聖徒」或是留在「家庭」生活中作俗人。而現在，摩爾的「理想國」與「烏托邦」要取消宗教的「個人化」特性，而把追求「信、望、愛」的精神——也就是虔敬、平等、德行與眞善美等——集體性地加諸在社會成員身上，其作法就是把整個城邦看成是一個修院；但與一般不同地，這個修院卻是以「家庭」而非「個人」爲組成單位。摩爾希望透過這樣的方式來矯正千百年來人類社會無法向上提升的關鍵原因：「家庭」成爲「庇護」個人私欲的場所，悄悄地與間接地「放縱」個人在救贖上的怠惰與蹉跎。他在《烏托邦》中所提出的制度改造，其實就是一種政治神學，透過對於一個理想國的設計，把整個社會視爲是一所集體「精進成全」的修院，而把人的最終存在意義定義爲追求聖潔與救贖。

但爲什麼我們說這是一個「隱藏版」的政治神學？首先，摩爾在書中從頭到尾，都沒有提及他所設計的烏托邦在精神上與修院式生活間的關聯。其次，此書成於十六世紀初，那時正是天主教引發眾怒已瀕臨界點的時刻，也是路德的宗教改革即將爆發之際，摩爾實在很難大剌剌地公然推銷他的「大修道院」理想，他只好拐彎抹角地用「烏托邦」的方式陳述出來。但是書中的理念明顯與摩爾的生平價值完全一致：人要追求身心健全、手腦並用、勤儉樸實、視人如親與虔敬聖潔。

《烏托邦》這本書爲何可以列入政治哲學的經典？理由很簡單：它把人應如何生活與達成此目標的具體制度都羅列出來了，供後人無盡地思索與討論；而這閱讀與討論的歷史愈久，愈證明它深深觸動我們內心的程度。

目次

前 言

湯瑪斯・摩爾的生平

湯瑪斯・摩爾（Sir Thomas More），於一四八〇年（另有一說是一四七八年）二月七日，在倫敦誕生。摩爾的父親是高等法院的法官，很崇信宗教，因此將摩爾送到天主教聖安東尼學校就讀。摩爾十四歲時，到坎特伯雷大主教約翰・莫頓（John Morton）家當僕人，很受莫頓賞識。莫頓是英王理查七世的患難之交，此時已經高齡八十四歲了。一四九二年，莫頓送摩爾到牛津大學讀書，學習邏輯、拉丁文、希臘文等。摩爾十八歲時，他的父親送他到倫敦林肯學院就讀法律，他的學習成績非常優秀。摩爾因爲篤信宗教，很想去做僧侶，但礙於家庭關係，不能如願。摩爾畢業後即取得律師資格，並開始執業。

一四九七年，摩爾認識當時歐洲大學者伊拉斯謨（Desiderius Erasmus）。伊拉斯謨出生於荷蘭鹿特丹，其學識豐富，通曉古典文學和聖經，著述甚多。他大摩爾十三歲，與摩爾氣味相投，對摩爾往後的人格發展，有很大的影響。

一五〇四年，摩爾年僅二十四歲，便當選議員，進入英國國會。因為摩爾有著好口才且富有法律涵養，使他在國會占有一席之地。但是後來因為其反對英王亨利八世（Henry VIII）離婚，讓英王頗為震怒，而摩爾也因為認為英王違反教會法故主動辭職。

一五〇五年，摩爾娶珍．柯爾特（Joan Colt）為妻。這年的冬季，伊拉斯謨來到英國，借住在摩爾家中。據伊拉斯謨說：「這位來自鄉間的女子，在摩爾的影響下，頗有才藝。」這段婚姻十分幸福美滿，但六年之後，珍．柯爾特不幸逝世，遺有三女一子。

伊拉斯謨在英國的時間，和摩爾共同譯書，他們將盧新（Lucian）的希臘著作，翻譯成拉丁文。一五〇八年，伊拉斯謨再次前往英國，住在摩爾家中，當時伊拉斯謨正在撰寫《愚人頌》（*The Praise of Folly*）一書，兩人一起看此書手稿，相對大笑。此書以「愚人」的口吻評論當時的世態，文筆生動，是當時很受歡迎的暢銷書。

一五一一年，摩爾娶愛麗絲．米德爾頓（Alice Middleton）為妻，她是一位寡婦，大摩爾七歲，是個仁慈勤儉的婦人，摩爾曾形容愛麗絲「既不是珍珠，也不是女孩」，意思是指她既不漂亮也不年輕。即使如此，摩爾對他的妻子仍充滿深情。摩爾此時在倫敦擔任副法官，在這裡他學到「要贏得信任，就要誠實以對」，並努力做一個「公僕」。一五一三年，他完成《理查三世》，此書是英國史學中一部名著，但在他生前並未付印。

一五〇九年，亨利八世即位，他想延攬摩爾，雖然摩爾內心不想爲君主服務，但現實中的摩爾還是接受了亨利八世的任命。亨利八世初期反對宗教改革，這與摩爾觀點相同，因此摩爾很受亨利八世重用。一五一五年，英國派摩爾等五人前往法蘭德斯，就商業貿易問題開會討論，最終談判結果十分圓滿。回國之後，摩爾獲每年薪俸一百鎊。烏托邦的第二編，即是在這段出國期間完成。一五一七年，他又被派到法國處理外交事件，在談判的過程中也扮演著重要的角色。摩爾受亨利八世大加賞識，紅衣主教沃爾西（Cardinal Wolsey）也極其稱讚他。一五一八年，亨利八世便升他爲樞密使。

這時的亨利八世僅二十七歲，性情很爲和藹，與爾後大不相同。摩爾此時已四十歲，很受英王的禮遇，英王和皇后也常常與他講論學術。但摩爾卻始終覺得不自由。不久他在切爾西（Chelsea）買地造屋，布置了一個很美的花園，與女婿、兒子一同住在此處，加上十個孫子，非常熱鬧。英王有時也會來此拜訪，在他家中吃便飯，有時英王也在他的花園散步，這眞是無上的殊榮。據伊拉斯謨說：在這個大家庭中，人人能盡其職，絲毫沒有爭執，不但是一個好家庭，簡直是一個好學校了。

摩爾擔任公職共十四年（一五一八年—一五三二年），一五二一年摩爾擔任財政大臣。一五二三年，經大法官湯瑪斯・沃爾西提名，摩爾被選爲下議院議長，主持正義，爲國家節省不少經費。一五二七年，英法媾和，他跟著首相沃爾西到法國擔任參議之職，同行者有鄧司道主教。

王后凱薩琳（Catherine of Aragon）比亨利八世年長六歲，兩人的婚姻維持了二十四年，但因爲一直沒有可以繼承王位的子嗣，亨利八世逐漸對王后失去耐心，轉而愛上女侍安妮・博林（Anne Boleyn），因而想與王后離婚。亨利八世指使沃爾西向教皇申請離婚，但始終無法得到教皇的同意，沃爾西因此失寵並遭去職禁錮。一五二九年，亨利八世便要摩爾繼任爲首相，但摩爾爲人正直且忠於羅馬教會，不願配合。然而亨利八世還是積極進行離婚一事，摩爾進諫不成，也於一五三二年，因病去職。亨利八世最後決意與羅馬教廷決裂，宣布英國教會不再效忠羅馬教皇，提高了英國教會的地位，指英王才是英國教會領導。

摩爾卸下官職之後，平日以著書消遣，反對當時英、德兩國的新教運動。天主教教士知道摩爾家中開銷極大，經濟拮据，準備了五千鎊送他，他拒而不受。從這件事便突顯出他與沃爾西的差異。沃爾西的政治才能遠超過於摩爾之上，但是愛慕虛榮不能自已，失職之後悲傷啜泣而死。摩爾雖然未成爲僧侶，但是他樂天知命，守道甚篤，無論得意失意，都不足以使其介懷。

一五三三年，亨利八世立安妮．博林爲后，加冕時，摩爾沒有出席觀禮，因此許多人紛紛控告摩爾秉政不公，但是摩爾雄辯滔滔，法庭也不能加之以罪。

婚後，安妮．博林（亦稱安后）生下一女，也就是之後的伊莉莎白皇后（Queen Elizabetb）。一五三四年，教皇以亨利八世廢后不合法，請亨利八世恢復舊后的位置，否則便逐出教會作爲處罰。亨利八世於是慫恿國會立法承認他的新婚合法，他的繼承人須爲安后的子女。而英國人民，對於任何國家、任何國王，都不得表示意見，若有持反對論調的人，便以叛逆論罪，並要求所有成年臣民都要宣誓承認。亨利八世以爲只要摩爾贊成，旁人絕不敢非議，但是摩爾卻始終不肯對此表示贊成，於是亨利八世將他幽禁在倫敦塔中。

摩爾在獄中精神很好，待遇也不錯，還有一名僕人伺候，妻子也可以探望他。

妻女勸他改變他的意見，他卻不肯。他在獄中經常禱告默想，且還著了一書，名為《快樂與苦難對話錄》（*Dialogue of Comfort Against Tribulations*）。不過他的病情日益加重。一五三四年，他的妻子請求英王特赦，但亨利八世不接受她的請求。

這時候，國會通過一項法令——「至尊法案」（Act of Supremaey），宣布英國國王才是英國教會唯一最高首長，英國不再效忠羅馬教皇。雖然當局曾派人徵求摩爾意見，但摩爾始終不置一詞。

在此事上，摩爾犯了失敬的罪，處以監禁足矣，但罪不至死，因為他並沒有公然反對法令，無法以叛逆論罪。但是審判官利奇（Rich），卻欲致摩爾於死罪。有一次，他親自到塔中與摩爾攀談。他說：「摩爾先生，倘使國會立法叫我做國王，你可以稱呼我國王嗎？」摩爾說：「當然可以。」利奇以為他中了計，很高興的繼續問道：「倘使國會通過一法，叫我做教皇，你承認我做教皇嗎？」摩爾說道：「國會只需管好政治事件，關於你這一個問題，我倒要先問你，倘使國會通過一法，指上帝不應當做上帝，那麼你覺得如何？」利奇回：「國會才不至於有這種立法呢！」摩爾默然，利奇便悻悻然的走了。

亨利八世於是組織一個特別法庭來審訊摩爾。一五三五年五月七日以及同年七月一日，分別訊問兩次，但並沒有證據可以證明摩爾反對這項立法。利奇爲了能將摩爾定罪，將上次在塔中談話的情形，報告一番，並添加一些捏造的話。利奇說道：「我說國會不能立法指上帝不應當上帝之後，摩爾便說，那麼國會也不能立法讓英王當英國教皇。」利奇說完，摩爾鄭重地說道：「倘使利奇先生能宣誓他的話句句屬實，那麼我敢發誓，不得再見上帝。利奇先生，我丟掉性命，我不懊悔；但你誣害他人，我替你感到懊悔！」。因此法庭宣判，摩爾有罪，應處以肢解之刑（後來利奇也升爲宰相）。

不久，亨利八世下令，判摩爾於一五三五年七月五日正法，但並未提到肢解一層。摩爾聽見這消息，態度很是鎮定。他穿著一件華麗的衣服，以便死後將這件衣服送與劊子手做紀念。正法的那天，劊子手請求他的原諒，他說：「不用怕，這是你的職責，我的頸項很短，你不要砍歪了！」說完之後，他唱了一首聖詩，叫大家禱告，便去了他欣然前往的地方！

替摩爾作傳的人很多，其中最有名的作家，是他的女婿威廉．羅勃（William Roper，娶了摩爾女兒瑪格莉特，她是摩爾最愛的女兒，文學素養也很好）。摩爾的曾孫湯馬斯摩爾和兩個天主教士 Dr.stappleton、Dr. Hoddesdon，也都曾爲摩爾立傳。其中以他的曾孫所著最爲詳盡有趣。《烏托邦》一書，以拉丁文撰寫，摩爾死後不久，便在德國哥倫出版；他的英文著作，則在瑪莉皇后時代付印。

烏托邦學說的前因後果

湯瑪斯．摩爾於一五一五年至一五一六年出使歐洲期間，撰寫了《烏托邦》（*Utopia*）一書。「烏托邦」一字，來自拉丁文，意爲「無何有之鄉」。摩爾用烏托邦一詞，代表理想中一個極快樂美滿的國家，他對於政治社會上的改良主張和企望，都表現在這書中。因此，凡是理想中的政治改良或社會改良，皆可稱烏托邦學說（Utopianism）。

所以烏托邦學說，是一種政治和社會的哲學。這些理想，有時失之於誇大而不能實行，但是最終目的皆在改良環境，使我們知道或信仰政治與社會事業有進化的可能，應當謀其實現。這種精神是值得欽佩的。換句話說，人類的行爲也受思想的支配；看似荒誕渺茫的思想，對於實際生活未嘗沒有幫助，也未必不可以供參考，自然不可以一筆抹滅了。

烏托邦一詞，雖然是創始於摩爾，但是烏托邦學說，並不是起源於摩爾。最有名的是柏拉圖的《理想國》（*Plato's Republic*）。而比理想國更早的是聖經中，所載的希伯來先知的言論；在柏拉圖後有奧古斯丁的《上帝之城》（*Augustine's City of God*）一書，以及薩佛納羅拉（Savonarola）的神權政治主張。初期的烏托邦學者，都是偏於倫理與宗教的觀念，此後便是摩爾的《烏托邦》了。這時歐洲歷經了十字軍與黑死病，奧斯曼突厥人猖獗爲患，文藝復興運動如日方中，新大陸方才發現，人類的思想漸漸地活躍起來，因此不再從事於繁瑣的哲學，改而注重人文主義以尋求理想的世界與理性的生活。除了摩爾之外，還有法蘭西斯·培根的《新大西島》（*New Atlantis*）、坎派涅拉的《太陽城》（*The City of the Sun*）、詹姆斯·哈林頓的《大洋國》（*Oceana*）。他們注重教育普及、政治統一，以達到社會理想主義。除哈林頓之外，其他多半傾向於財產公有與優生的選擇。

後來發生法國大革命，便出現了好幾個烏托邦社會主義的學者，可以說是上面幾個烏托邦學說的繼承人。不過法國大革命對這學說的影響，舉足輕重，甚至可以說是互爲因果。這個學派的學者，除了歐文（Owen）是俄國人之外，其他如摩萊里（Morelly）、巴里夫（Babeuf）、聖西門（Saint Simon）、傅立葉（Fourier）、卡貝（Cabet）與伯郎（Blanc）都是法國人。他們不像摩爾一樣，有整個理想的國家，但是他們的態度激烈，崇拜自然，主張新的社會制度。他們與普通社會主義不同的地方，是他們要讓全體人民脫離約束，而不是專爲救濟無產階級所設想，此學說與社會主義的共同點則是皆主張財產公有。

烏托邦社會主義可以說是烏托邦學說的尾聲，自從黑格爾大唱歷史進化說以來，我們知道歷史是經過治亂紛紜、循環往復、銖積寸累而進步的，並不是預先有一個完整的計畫，只要依循著步驟一步一步就能完成。總而言之，社會的進步可以辦到，但是完美的社會，便只存在於幻想了。

近代學者的著作，如愛德華·貝拉米（Edward Bellamy）的《回顧》（*Looking Backward*）、赫資加（Theodor Hetzka）的《自由之地》（*Freeland*）、威爾斯（H. G. Wells）的《現代烏托邦》（*Modern Utopia*），只可以說是社會情形的預測，或者是假烏托邦學說，不能說是烏托邦學說的正宗。爲什麼呢？因爲他們知道他們的主張在將來多少可以實現，他們不過拿現在人類中已有或未有的進步，在他們的理想中，集合起來罷了。

綜合起來說，社會上有三種人：一種是崇拜過去，一種是滿意於現在，一種是崇拜將來，烏托邦派的思想家屬於第三種人。他們人數雖少，可是都有改革的決心、有熱烈的抱負、有創造的知識、有堅貞的信仰，在改良社會政治上有重要的意義，可惜都被人所輕視。其實當時嘲笑烏托邦學派的人，都是習於故常畏難苟安的人。烏托邦派學者有先見之明，老子說：「不笑不足以爲道」便可以用來形容這些思想家。

社會上的進步與政治上的改良，是靠著動力的。烏托邦學者鼓勵人們增加想像力與動力，而後一切的改革，方纔可以著手。他們的學說雖然絕對不可能全部實現，然而久而久之，總有一部分可以實現，即使不能實現的部分，也可以激盪出新的理想，供我們的參考。

擁有這種幻想的人，並不完全是癡人說夢。他們是先知先覺者，言人之欲言，言人之所不敢言。當時社會上已經有不安的狀況、不安的心理，他們不過爲其代言罷了。新的理想是爲新的需要而設，理想有其價值，不怕沒有人採用，這不過是時間問題而已。社會上的進步和改革，多半靠著理想才能進一步成爲事實。雖然世界上如果沒有烏托邦學說，仍舊可以進步，不過有了烏托邦學說，進步更加快一點。

理想的價值，要看在文化上的貢獻如何。烏托邦的理想，完全是近世社會主義的源泉；也是研究社會學的原動力，這是值得我們注意的。

社會上的事件千頭萬緒、錯雜紛紜，無法追問到底。人類的知識，絕不可能完備。所以烏托邦派學者的理想，也不是沒有缺點。他們錯謬的立場，假定人性本善，所以能建設他們的理想。然而他們許多的理想，是與人類的天賦本能相衝突的。此外，烏托邦學說還有一個缺點，就是他們不認爲社會上的進步，要靠著生活上的奮鬥。其實在道德理智訓練之下，還是要競爭、要奮鬥，方可談進化。其實個人與全體的發展可以並行不悖，他們偏重全體或社會的觀念，而忽略個人方面，不願就原有已存的事物加以改良，反而希望每件事都從頭做起。總而言之，社會上的進步，是可能的，但是要求社會的完美，就很難辦到。現在對於我們的環境有科學的制裁與改良，知道進化的確有可能性，是有把握的，對於烏托邦的幻想也不如以前重視了。

摩爾學說的總和與批評

摩爾的烏托邦，對於十六至十八世紀的政治社會，有不小的影響。摩爾在著書的時候，人民對於社會現象是不安的，但是實際關注並提出建言的人卻很少。摩爾用長遠的眼光，與對當時政局嚴厲的批評完成這本書。書中對於當時政治、經濟、社會、宗教、教育、風俗無所不談，欲匡正當時的弊政、教會的腐敗、貴族的豪華、貧民的痛苦、刑罰的殘酷，以及工業措置的失當，以上都在第一編內，發揮盡致。

第二編論烏托邦人所享受的公共福利，文中所敘述烏托邦的位置，完全以英國爲範本。換句話說，英國人所過的生活就是烏托邦的反面。摩爾所提出的政治、經濟、社會各方面的措施，有下列幾項：

第一，財產公有，所以不需要貨幣。

第二，政權集中，但是行政官員由人民選舉。

第三，社會組織，以家族爲中心，而由國家指導管理，以便改進人種。

第四，教育要普及，要注重實用與道德上的修養，並且要終身不斷地訓練。

第五，宗教的信仰應當自由。

摩爾的主張，如信教自由等等，在不久之後的歐洲都見諸實現，可見他識見之偉大。不過還有很多其他的主張，即使到今日仍存在幻想之中。他所提出普及教育的辦法，直至今日還無人完全辦到。另外，他主張每日工作六小時，其餘的時間用在修養心性，是一個立意良好，卻不容易實行的方法。英國在十九世紀政治清明、社會進步，摩爾對此的貢獻良多。

《烏托邦》的譯本和作風

《烏托邦》一書是用拉丁文寫成，於一五一六年，在比利時的盧萬城（Louvain）印行，由摩爾的好友伊拉斯謨擔任出版監督。一五五一年，魯賓遜（Raiph Robinson）將本書翻成英文行世。此外分別有柏涅特（G. Burnet）和開萊（A. Cayley）的譯本，但以魯賓遜的譯本最爲正確、最接近原著。而其他各種語文的譯本，也紛紛於十六世紀中出世。

摩爾的文筆馳騁，雜以詼諧，即使經過翻譯，仍舊不減風趣。他將事實與幻想夾雜成文，使得讀者不覺得這是一部幻想作品。他描述歐洲或英國當時的狀況，更是逼眞寫實，這是作者聰明的地方。但內文中所用的地名人名，又在在暗示這是空中樓閣，可見得作者是不願始終欺人的。烏托邦的布局，可以說是《格列佛遊記》（*Gulliver's Travels*）和《魯賓遜飄流記》（*Robinson Crusoe*）的先導了。

參考文獻

- Utopia with the Dialogue of Comfort by Sir Thomas More (Every-man's Library)
- The Utopia of Sir Thomas More--W. D. Armes (McMillan Co.)
- More's Utopia--Edited by Maurice Adams (The Scolt Library)
- The History of Utopian Thought--J. O. Hetzeer (MeMillan Co.)

第一編　拉斐爾論國泰民安

英王亨利八世，是近代罕見的模範君王，他具有君王應有的一切才能。最近亨利八世因爲一些國家相關的重大問題，與一位強有力的國主，頗有齟齬。這位國主便是卡斯提爾王國（Castile，位於西班牙）的國王查理（Charles V）。亨利八世爲了解決爭執，便派我出使到法蘭德斯國（橫跨今法、比、荷三國）。此外同行者還有另外一位使臣坦斯泰爾（Cuthbert Tunstall），他是一個聲望卓著的謀臣，剛被英王任爲大禮官。關於他的學問、操守眾人皆知，遠遠超過我所能讚美的，因此我不需要再恭維他。如果我眞的這麼做，就像是在白天點蠟燭，委實無聊了。

我們一行人與卡斯提爾國王查理派來的專使團在布魯日（Bruges）見面；名流匯集，自有一番熱鬧。專使團的主席是布魯日的市長，爲人正直；此外還有坦西斯（George Temsice），他曾經做過加塞爾（Cassel）的市長，深諳法學，而且口才無人可以相比。我們雙方代表會談了一、兩次，但因爲意見不同，無法達成協議。因此他們便前往布魯塞爾（Brusels）聽取國王的意見，而我因事則前往安特衛普（Antwerp）。

在這裡，我認識了很多人，其中以彼得．賈爾斯（Peter Giles）學識最爲淵博，名望亦最大。他年紀不大，學識豐富，品行端正，待人接物又是那樣和藹可親；尤其是愛交朋友，眞誠流露，忠實可靠，是一位理想中的良友。他爲人彬彬有禮，虛懷若谷，絲毫不矯柔造作。和他相處聊天，可以使人忘卻思鄉之情，感覺十分愉快；這時候我客居異地，已經四個月了。

有一天，我在一個極華麗的禮拜堂做禮拜，這個禮拜堂，叫做聖母院（Notre Damo）。在回住處的路上，碰巧遇見賈爾斯，他正與一位蓄鬍長者閒談。這個長者面孔曬得黝黑，衣服陳舊，從外貌和衣著可以猜測他是一名航海員。

賈爾斯看見我，便上前跟我打招呼，並且向我介紹那位長者。賈爾斯說他名爲拉斐爾（Raphael Hythloday，此暗指幻想中的人），非常熟悉世界各國情形。我回答：「我一見，便知道他非常有航海經驗。」

賈爾斯說：「他的知識豐富，擅長拉丁文與希臘文，愛好研究哲學，很像古代柏拉圖諸人。他生於葡萄牙，且將所有應得的遺產都交給他的兄弟。他爲了要明瞭全世界各國的情形，所以跟著大名鼎鼎的航海家亞美利哥·維斯普奇（Amerigo Vespuci）航海三次。在世界各地飄泊多年方才返國呢！」

聽賈爾斯如此介紹，我心中甚爲激動，因此急於想和拉斐爾談話，以便增廣見聞。我和拉斐爾寒暄了幾句，便一起走到我家，在花園長板凳上坐下，聊起拉斐爾的航海經歷。

拉斐爾說：「我與維斯普奇航海期間，有一次到了一個名爲古力克的國家，維斯普奇先返航，我和其他五個人則居留在古力克，漸漸與當地人熟識起來，情感甚好。後來認識古力克國的一位名人，我們因此遊歷了古力克的內地，並結交許多小國諸侯，產生深厚的友誼。我們一行人發現了好幾個城鎮，國泰民安，人民都享有良好法律的保障。據我們觀察，在赤道左右的地方，有大沙漠，氣候燥熱異常，所看見的東西都極其危險，毒蛇猛獸到處皆是。此外，土人的兇惡，也與猛獸不相上下。不過在這些地方之外的情況就有天壤之別，不但人人都和藹可親，連地上的青草都蔥綠可愛，猛獸也較少。再過去的國家，交易繁盛，水陸交通都有。我們曾經受過他們的招待，我們所坐的船，大而扁平，船帆是樹枝編成的，也有用皮做成的。另外在一些國家，船帆是用帆布做成，船上其他的構造，就和我們的船一樣。該國的船員善觀天象，航海的技術很精湛。我們教他們如何使用指南針，因此他們的航行技術進步不少。」

拉斐爾說了很多，我沒有一一記下。最讓我注意的是，有許多地方，能夠制定出良善的法律、完整的章則，使人民蒙其福利，彼此相安無事。我認爲珍禽奇獸和妖怪容易看見，但是良好的法治國家，極不容易找到。

我好奇地向拉斐爾提問，他也很高興地回覆我。他旅行各國，瞭解不少良法美制，對補強我們政治社會上的弱點很有幫助。這些我後續會慢慢陳述，現在我要說的是拉斐爾曾經到過的烏托邦及那個地方的人民。

根據拉斐爾所說，他曾經到過幾個將法律制定的異常明智、縝密的國家。賈爾斯便問他：「你的見聞既然如此廣博，爲什麼不遊說各國國王，爲親友們謀些福利呢？」他回答道：「我已經將財產給親友平分，對於親友，我已經盡了職責，不會爲了他們而聽從國君的支配。」

賈爾斯說：「這是不可以的。你應該當國王的顧問，怎麼可以說受支配呢？如果能利用你所具備的才能，使他人蒙受福利，也使自己更加富足，這樣不是很好嗎？」

拉斐爾說：「我最不願意富足，我現在清閒自在，比王親貴族好得多！要巴結伺候權貴的臉色，我才不願意；對他們而言，要人伺候巴結，也不差我一個啊！」

我便說道：「拉斐爾先生，你能不貪求榮華權勢，我極其佩服。不過爲國家利益和民眾福祉著想，你有時也不能不竭智盡忠，去爲民眾付出。雖然有些痛苦，那也是不得已。那麼你最能做的一件事，就是擔任諸侯王的顧問，讓他們將你造福人群的忠言放進腦海中。因爲諸侯王是人民禍福的泉源，不管你是貢獻你的學識或是經驗，只要一樣，就可以做他們的指導。」

拉斐爾說：「摩爾先生，你被愚弄了。第一，被我所愚弄；第二，被事物本身所愚弄。我並沒有你所說的那種本領，而且我想過清閒一點的生活，在國利民福方面，我已經沒有任何企圖心了。還有一點，那就是現在的諸侯王好大喜功，驍勇善戰，不願意選擇和平這條路。他們偏好擴大疆土，而不願將已擁有的領土，好好地加以治理。我對於軍事學，原來就缺乏研究，又不喜歡鑽研，倘使當了諸侯王的顧問，也不過跟現在已有的顧問們一樣，逢迎諂媚，附和求榮，無法有所建樹。凡是獲得諸侯、君王青睞和器重的人們，都是靠著諂媚的方法，他們擁有權勢，自命不凡，誰肯聽從你的論調？你倘若跟著他們，也只能默默無言；一有建議，沒有不受人指責，而被人視為笨蛋的。有許多人剛愎自用，絕對不會採信我們的建議，並且會說古人的政教行之已久，沒有不好的地方，難道今人比古人聰明得多嗎？他們這樣一說，便堵住了新進之口，因此新進之士沒有不受他們的白眼。這種夜郎自大的人物，我在英國也遇見過呢！」

我便問道：「先生也到過英國嗎？」（讀者須注意此處文章的轉變，和引帶的自然）拉斐爾道：「我在英國住了四、五個月，正是內亂初平之後。我見過坎特伯里大主教約翰．莫頓（John Morton），他是當時英王的首相，他令我十分佩服。他的身材中等，容顏蒼老但精神煥發，言辭敏捷，記憶極強，面貌和藹怡人，一看就知道是位有德望、有學識的人物。他是英王的顧問，英王非常相信器重他，他自己也以國利民福爲己任。他幼時就進入宮廷，期間經過無數的升沉禍福，所以閱歷不少。有一次我去拜謁莫頓，他正和一個熟悉英國法律的人談話。那位法學家正在頌揚英國法律的公正，聊到在英國有時一併將二十人處死，並感慨執法甚嚴，但竊盜依舊在各處猖獗，實在無法理解等等。這時，我大膽的說：「大主教先生，我想這樣的法律是不足以稱讚的，國家對於竊盜的制裁，實在有失公平，這樣的法律對於維護治安是害多利少的。爲什麼呢？因爲這種法律，一方面對於竊盜處罰太過嚴厲，另一方面又不能阻止竊盜。偷竊本不是罪大惡極，處以死刑未免太過嚴厲。窮人無法謀生，走投無路的時候，不得不鋌而走險去偷竊。各國處罰竊盜，都不得其法。其實應該在生計方面想辦法，讓他們能有正當收入，免得因偷竊而致死，這才是正解啊！」莫頓主教說：「我們在手工藝和農墾方面的事業，已經有種種的設備和規劃，採取了充分的措施，有心找正當職業謀生的人，就可以做這些工作。」

拉斐爾說道：「這樣做的效果應該不怎麼好。第一，一般從戰場回來的人們，肢體殘廢、心靈疲倦，沒有辦法繼續從前的工作；新的技能，更是沒辦法學。姑且不論這些從戰場回來的少數人，我們不妨思考每天都有的情況，一般的貴族階級剝削農民，恣意揮霍，靠別人勞動獲利；專門伺候他們的人，沒有一技之長，鎮日不務正業。一旦他們的主人去世，或他們自己生病，往往無以爲生。若要不死於飢餓，便只能以偷竊爲生了。這些人流落街頭無處可歸的時候，仕紳們看他們貧病交迫，根本不屑雇用；而他們已經習慣了舒適懶散，更不可能爲了微薄報酬，辛苦認分地拿起鋤頭，過著務農的苦生活！」

那位法學家聽到這裡，說道：「先生有所不知，這些人其實可以加以利用，他們膽大妄爲，不妨要他們去從軍當兵，讓他們作戰！」

拉斐爾說道：「然則爲戰爭起見，必須養不少的竊盜賊嗎？竊盜賊與士兵有相同之處，各國大多如此利用他們，不是只有英國如此。不過以法國而論，已經深受其害了。平時養兵過多，無法處置，又擔心他們鎮日遊手好閒，缺乏訓練，於是找出戰爭的機會，以屠殺爲生活。養兵這麼多，後來互相殘殺，不但毀了城市，也毀了國家，實在不是一個好辦法。這點在法國、羅馬、迦太基、敘利亞等國家，都得到證明。平心而論，法國訓練有素的士兵也不敢保證和你們這樣的士兵並肩作戰可以獲勝。無論如何，當兵之後，沾染惡習，身體往往不好，無法繼續當兵便只能偷竊了。

除此之外，在英國還有另一個釀成竊盜的原因，便是因爲羊毛事業發達，一般貴族仕紳不滿足已經擁有的財富，爲了要更多的收入，便不顧貧民的生活，把耕地變成牧場、把教堂做爲羊圈之用（當時歐洲各國，都向英國購買羊毛）。甚至連農民居住的房舍，也變成牧羊的地方。農民因此不得不賣掉所有的東西，導致他們顛沛流離，無處可以安身立命。總而言之，一塊地當作農田，需要好幾個農民耕作；但當作牧場，就只需要一個牧羊的人。把農田都變成牧場，導致糧價飆漲，而羊毛的價錢也一天漲過一天，連一向織毛呢的農民也買不起羊毛。如此情形，人們想工作卻找不到雇主，想發揮農耕專長，卻沒有農地可以耕作。最後只能遊手好閒，不是去偷竊，就是去行乞了。於是上天震怒，讓羊群發生瘟疫，作爲貴族們貪婪的懲罰。所以雖然養了很多羊，但羊毛的價格並不便宜。至於其他牲畜，因爲沒有畜養，也非常的昂貴。有錢人趁此機會，用賤價在國外收購牛馬，在本國出售，大謀其利。所以少數貪婪的人，對於貴國人民的禍害是無窮的；人民受到這樣的壓迫，弱者成爲乞丐，強者淪於盜竊，也是不得已的。況且酒館、妓院、賭場，到處皆是，花錢的地方很多。錢用光之後，想花錢又沒錢花，能不偷竊嗎？爲了挽救這樣的情況，應該訂定一種法令，凡是毀壞農田者，應該賠償從前的損失，將農田恢復原狀。並嚴格控制富人從事壟斷的事業，提倡農業與紡織，使人人皆有正當工作，不致變成流氓竊賊。倘若不先從這些做起，只是制定嚴刑峻法是沒有用的，這樣只會讓法律淪爲有名無實。青年人長期受不良的薰染，日漸墮落，最後犯罪，再予以處分。這不就是縱人爲盜，而處之以罰嗎？」

講到這，那位法學家便整頓精神，回答說：「你說得很妙，然而你是一位外國人，對於英國的政教風俗，恐怕耳聞爲多，目睹爲少。所以先生（拉斐爾）所聞，不免有失實之處，現在不得不一一加以辯駁。」

這時，莫頓大主教插話說：「你也不必如此性急，我想這不是三言兩語可以說清楚的，留待明天聚會時再說吧！不過我要請問拉斐爾先生，你爲什麼說對於竊盜，不宜處以死刑？這樣又有什麼刑罰，可以使用呢？你當然不願縱放盜犯，不過除了死刑之外，還有什麼辦法，可以制止罪犯呢？」

拉斐爾便說道：「金錢與人命，不能相提並論。失去金錢，便要人償命，是不公平的。或許有人認爲執行死刑，是爲了處罰違抗法律的人，不是因爲失去金錢。這樣的說法與斯多葛主義（Stoicism）的主張一樣，認爲凡是犯罪的人，不論犯罪的大小，都是犯罪，一律應當處罰，因此殺人與搶劫變得毫無分別。可是聖經說：「上帝吩咐我們，不要殺人」。難道因爲某人偷了錢，就可以殺掉他嗎？倘使人類立法，明文規定某種殺人是合法的，那麼是不是在某種程度上，也可以規定姦淫僞誓是合法的？上帝訓誡不可殺人，也不可自殺。如果人類允許某種殺人合法，這不是表示上帝的訓誡必須受人類立法的限制嗎？我認爲法律還是要遵循上帝的戒律才是。例如摩西的法律，誠然嚴酷，不過處罰竊盜，仍舊是科以罰金，不以死刑。我想，上帝不願意看到我們互相屠殺（烏托邦仍舊用死刑，見後論行政官一節）。

我認爲將竊盜罪處以死刑，是不合法律的，理由前面已經說過。至於將竊盜與殺人的盜賊，一樣處以死刑，也有不好的結果。這個理由好像大家都不太明白，例如：將犯竊罪的人處以死刑，犯殺人罪的人也處以死刑，這麼一來，竊賊原本是搶劫，但考慮被搶的人可能會去報案；不如乾脆把被搶的人殺了，是不是反而比較不容易被抓？即使被逮捕，也是處以死刑，與犯竊盜罪的處罰一樣。所以這樣的立法，等於是變相鼓勵殺人。

至於可以用什麼樣的刑罰來處罰竊盜罪？我想可以參考古代羅馬人的辦法。就是將犯人帶上手鐐腳銬，開礦冶金，終生做苦工。我周遊世界，曾經到過波斯一帶，那裡有一種波利來賴塔人（Polylerites），他們的腹地廣大，政治清明，人民都能自治，不過每年必須向波斯進貢。波利來賴塔人住的地方，距離海很遠，四周都被崇山峻嶺包圍。不過田地非常肥沃，物產足以自給自足，他們既無向外發展的野心，又有天險可守，外人不好攻進來，所以他們的生活非常舒適。只不過在國際上不甚出名，大概只有他們的鄰居知道他們的存在吧！在這裡，人民制定法律，凡犯竊罪的人必須將贓物歸還失主；若是贓物已失，則按價賠償失主的損失。不像其他地方，是將贓物或賠償給予國王。此外犯罪的人還要被罰服勞役，服勞役的時候，並不需要手鐐腳銬。只有犯人不願服勞役或態度不佳時，才會加上手鐐腳銬，有時還會加以鞭撻。服勞役時只要勤快認眞，生活都可以很自由，只有固定晚間點名一次，睡覺時將所有人拘禁在處所。此外，伙食也不錯，且費用都是由國家負擔。關於費用的來源，每個地區實行的辦法不太一樣，有些地方的費用是籌募救濟金，因爲該國居民都非常慈善，所以籌募救濟金並不困難。另外有些地區會指定某地的收入，作爲這類開銷。另外，犯竊盜罪的人也可以被雇用做工，不過工資較一般人低廉，而且工作不努力時，雇主可施以鞭撻。

這些犯人不怕沒有工作做，他們除了能養活自己之外，還能讓國庫增加收入。犯人們必須穿著同色的衣服，頭髮不需要剃光，但耳邊上的頭髮要剪短一點，並且必須割去一邊耳垂。他們可以到朋友家飲酒食肉，不過不可以收受錢財，違者雙方都必須處死。正在服刑的人不可以接近兵器。每一地區的犯人，在衣服上都有特殊的證章，拋棄證章的人，會被處死。各地區的犯人不得互相交通談話。凡是發現這種事情後通報，普通人可以獲得獎金，犯人可以獲得釋放。倘使隱匿不言，普通人便要受徒刑，而犯人則要處以死罪。

這種辦法當然合於人道主義，並且可以使犯罪的人有機會改過自新。此外，旅行的人認爲請這些犯人當嚮導，十分安全，不用擔心他們會再犯。他們穿了囚衣，手無寸鐵，如果再刦財，自然容易被人拘捕。至於結黨作亂也不易辦到，因爲這一地區的犯人，不能與另一地區的犯人談話。他們也曉得想要恢復自由的生活，只有心甘情願、毫無怨言的接受處罰，此外沒有第二個方法。」

拉斐爾說完了這些話之後，便問法學家英國爲什麼不採用這種方法。那位法學家搖搖頭說：「英國不能用這個方法，如果使用這個方法，恐怕對治安有害啊！」莫頓大主教說：「這也很難說，我們沒有經過試驗前不能說這種制度在英國施行之後，結果究竟是好是壞。在試驗的期間，也不致於大大地影響治安，此外，我們對於遊手好閒的人，立了很多法，但功效也不大顯著。」

在莫頓大主教說了這話之後，旁人個個都改變之前的態度，稱讚拉斐爾的主張不荒謬，並且都說以後對於處置遊手好閒的人的方法，也不可不注意。因爲這是大主教的補充語，所以不能不注重一點。

此後我們還有不少的討論，並不十分的重要，不過說些給諸位聽，也無傷大雅。我們聚談的時候，碰見一個遊手好閒的人，說起話來有意逗人發笑。起初大家還取笑他，他談說不已，最後竟然引起大家都笑起來，也可以說是「有志者事竟成」了。大家因此開始研究年老或多病的人，不能工作時應當如何處理。莫頓大主教說道：「這一些人，我眞不願意看見。我出門的時候，總是看到他們哭哭啼啼，向我討錢。我想最好他們到寺院中，（指Benedictines這一派寺院）男的當僧侶，女的當尼姑。」莫頓大主教說完，笑了一笑，大家也都討論得很起勁。

座上一個托缽僧，聽了這些話，很爲高興，便用滑稽的口吻說道：「我們托缽僧也有人要爲我們設法救濟嗎？否則乞丐永遠無消滅的日子。」（中世紀托缽僧，教律甚嚴，其後便成爲遊僧）。這時那個說笑話的人也說道：「這用不著國家再設法了，救世主（指耶穌）已經替你們規定一切，就是叫你們要去找工作啊！」

大家聽了，都很高興。惟有那托鉢僧覺得難爲情，便破口大罵起來。那說笑話的人說道：「請你稍安勿躁，不要動氣，聖經上不是說，耐性可以救贖靈魂嗎？」（路克福音）托鉢僧也說：「我並沒有動氣，動氣也不是犯罪。聖詩篇上說：『動氣可，犯罪不可』。」

於是莫頓大主教勸托鉢僧息怒，托鉢僧說：「我所說的話是出自一片善良熱誠之心，惟有眞正的教徒才有這樣的熱誠。凡是譏諷僧侶的人，都要受惡報，並且要受教皇聖旨的驅逐。」大主教看這種情形，想會沒完沒了，便做手勢，叫那說笑話的人走開，也轉換了談話的內容。不久他因爲有公事，我們便散了會。

拉斐爾道：「摩爾先生，我的談話太長太討厭了，我實在感到很抱歉。但是先生聽得不厭倦，我很感激。你看那些旁聽的人，沒有自己的主張，專門看大主教的臉色，便可以知道朝臣們對於我說的話，是不可能重視的。」

我說道：「拉斐爾先生，我聽了你這一番話，感到異常的愉快。你說的話實在聰明得很。聽你說話，我好像回到了英國。因爲我幼時就生長在那位大主教的家裡，我本來就很欽慕你，現在知道你與大主教的關係，更加欽慕你了。我想你既然有這麼好的建議，最好能在朝廷中，幫助國王問政，增進人民的幸福。那不是很好的一件事嗎？柏拉圖說得好，要想國泰民安，非要哲學家做國王不可，否則國王也要研究哲學。」

拉斐爾說：「不過柏拉圖已經料到各國君王在年幼的時候，早已爲邪說所薰染，很難採納忠言正論，看柏拉圖自己的歷史，便可以知道。他爲戴歐尼修斯王（King Dionysus）日進忠言，到了後來，終不能不被驅逐。我倘使在國王面前進忠告之言，清除他心靈上的毒瘤，結果一定會被國王放逐，爲人所恥笑。即使我現在得到了法王的信任，與一群精明的謀臣商量大政，也不過是幫他想辦法，讓他可以占領米蘭，奪回那不勒斯、征服義大利，進而占據法蘭德斯、布拉邦特（都在比國境內）和勃艮第（法國東部）而已。此外，在會議上，有人建議和威尼斯講和達成協議、有人建議雇用日爾曼人爲兵、有人建議買通瑞士人、有人建議賄賂神聖羅馬帝國皇帝、有人建議與亞拉岡王（西班牙國王）言歸於好、有人建議不妨用以夷制夷的策略，與英國與蘇格蘭（蘇格蘭時常攻擊英國，與法國爲友）進行和平談判——在這種環境之中，除非我是個大傻子，才會建議法王不要干涉義大利，並告訴他法國已經很大了，不必窮兵黷武，擴張領土，最好能學烏托邦（Utopia，意謂「無何有之鄉」，此處文氣的自然，可取玩味）的政治才是。烏托邦是什麼呢？這是法國東南方的一個島國，島上有個民族——阿寇里亞（Achoriens）人。從前阿寇里亞人的國王也想藉婚姻爲名，與某國聯姻，進而占領其土地。後來該國不肯聯姻，阿寇里亞人便與該國作戰，戰勝之後，禍多福少，因爲新占領的地方，人民時常有暴動，也引起鄰邦的覬覦與嫉妒，年年戰爭不斷，土地荒廢，人民瀕於破產，死傷枕藉；那些存活下來人民，在戰事弭平之後，因爲姦淫擄掠慣了，也變成燒殺擄掠的流氓；國王兼管兩地，心力交瘁，分身乏術，於是放棄新占領的土地，送給他的好友，自己則專心一意治理原有的土地人民。倘若是我叫他們學習烏托邦的辦法，不要專事戰爭，說服他們戰爭勞民傷財，有百害而無一利，還不如專心治理自己的國家，使得人民安居樂業，國王既愛人民，人民也愛國王，多麼好呀！摩爾先生，你認爲這些話中聽嗎？」

我說：「當然是不甚中聽。」

拉斐爾說：「那麼讓我再繼續說下去，假定國王與其他朝臣會議，商討增加國幣的辦法。一個謀臣建議，國家支出的時候，應當提高貨幣的價值；收入的時候，應當貶損貨幣的價值，如此便可以在轉移間使獲利加倍。另一個大臣則建議，國家應該虛張聲勢要與他國作戰，藉此募集資金。之後再說因國王仁慈不忍生靈塗炭而講和，便可以藉此獲得不少的錢財（英王亨利七世屢次與法作戰，在講和時，用掉不少國帑）。有人建議，古代封建賜地，應納賞金，這種制度不可不恢復起來，以增進國帑（亨利七世曾有此做法）。又有人說，國家可以禁止使用某種物品，隨後制定為法令，凡使用這種物品者，須繳納重稅，也是一種增加稅收的辦法。又有人主張利用司法官賺錢（亨利七世的宰相，曾經誣陷人民，勒索捐款）。總而言之，這些人認為一國的財富，都是屬於國王的，國王可以予取予求，人民不妨貧苦一點；人民過於富有，是凌犯君上，於國有損。

但事實上，以上這些增加國庫收入的方法，對於國君的聲譽大有損害。國王的名聲與威望，是靠著人民安居樂業，方才可以維護，絕不是靠著國帑豐富，便可以自豪。其實國君是為人民而設的，應當以人民福利為前提，就如同牧羊人一樣，要照顧羊群，而不是只照顧自己。進一步說，爭吵鬥罵是乞丐人的生活，因為不滿意現在生活，更容易不顧一切思亂，或者思變。倘使國王只管中飽私囊，不顧人民陷於絕境，那麼人民要這個國家何用？要這有名無實的國王何用？國王治理乞丐，當然不如治理富翁為榮耀，這是很簡單的道理。法布里斯（Fabrice，羅馬時代的名將，以節儉出名）說：我不想做富翁，我想做富翁的統治人。這話說得好，倘若人民民不聊生，只有國君享受奢華生活，這個國君可以說是獄吏，而不是國君了。

醫生不會治病就是一個笨醫生；統治的人，不知道改善人民的生活，只知道自奉甚豐，便是缺乏治國的經驗和理念。所以做國君的人，當然要屏除奢華，放棄驕傲，免得失去人民的愛戴；個人的用費，須要按照個人的能力，量入為出（英王亨利八世生活豪奢，當然為作者所不滿意）。此外，還要制止危害及罪行，與其人民作惡犯法之後，施以刑罰，不如事先加以預防。不適用於今日的舊法令，毋須恢復；什麼無聊的罰款，也可以一併取消。

離烏托邦不遠處，有一種馬加利人（Macariens）。他們有條很好的法律，就是國王登基的那天，一定要鄭重的宣誓，他在位的時候，他的私帑不得超過一千磅的金子或銀子。據說，這是一位賢君制定的法令，以免君王剝削人民，中飽私囊，（亨利七世的私蓄，值一萬美金）。一千磅這個數目已經足夠使國君平定內亂或抵禦外侮，而且不會影響人民擁有的財富。——你想我說這些話，有人肯聽嗎？」

我說：「當然是充耳不聞了，還說什麼採用呢？這種道理在朋友間談談說說，很有趣味；但如果要說給朝廷聽，那恐怕沒有地位了。」

拉斐爾說：「我也是這樣想，哲學對於國君，是沒有地位的」。

我又說：「誠然如此，這種根本的改革，當然不受人歡迎。然而你不妨思其次者，就是較平和的政策，各人盡各人的本分，做各人的職務，熱心去做事，不管他人如何；在旁人亂政的時候，無論國君的心中，充滿著多少不良的思想，我仍舊能夠清明做官，極力向上，於全體無損，而於自己有益，這也未嘗不是一種辦法啊！就好像一艘船，在海中遇到風暴，我們雖然不能使風力減小，卻是絕對不能放棄這艘船。所以我只管做事，不管國王的思想如何，也不求在國王的腦海中，灌輸些新的思想。凡事不求其有益，但求其無害，能夠用計策的時候用計策，必須說謊話的時候要說謊話。你看如何？如果是想事事都改善，除非人人都性善，但那根本不可能做到。」

拉斐爾說：「照這樣下去，恐怕我也要同流合污起來。我是只說眞理，不說謊話的；我提供的辦法，諸侯王雖然不喜歡聽，可是辦法本身並不奇怪，也非不合理。無論是柏拉圖所說的學理，或者是烏托邦人所做的事情，都比我們的更好。其實眞正奇怪的地方，是他們所有的東西，都是屬於公共的東西，與我們享有私人財產的制度完全不同。

況且我的主張，沒有什麼不可以說出來的地方，如果認爲這種合理的主張是不合理的，那麼耶穌所說的話都可以拋諸腦後了。就如同傳教士發現人們不願意遵守耶穌的準則，改善自己的缺失，於是變通耶穌的教義，以適應世人的道德，使人信任服從。我不能像這樣的傳教士，口是心非，模稜兩可，去助人作惡。你所說的建議，我完全不願意採用。倘使一切事物不能改良，禍國殃民的法令一條條的被制定，你想要獨善其身，做一點小規模的公益事業，是不可能的。縱然有什麼計策，也是無所施其伎倆了。」

柏拉圖曾有過這樣的比喻：聰明的人爲什麼不干涉政治呢？就如同看見路上的人，大家在雨中淋雨，勸他們躲避，他們總是不肯；於是沒有辦法，只好自己跑去躲雨，不要被雨淋濕，這時管不了別人會不會淋濕，否則自己也要跟著淋濕。

就我看來，在可以擁有私有財產的制度之下，人會以金錢去衡量所有的事物，這樣的情況下，國家很難維持正義與繁榮。如果只有少數人擁有財富，其餘的人便都要過貧苦的生活了。

在烏托邦，法令不多，卻治理得宜，善必有賞。在那地方的人民，個個注重道德。因爲貨物平均分配，甚爲公允，人人無不感覺家給人足的快樂；相較之下，世界各國法規制定無數，而分配總是不能公允，眞是不明白這是什麼道理。因此，我終於理解，爲什麼柏拉圖不肯爲人立法，就是因爲人們立的法，無法以公平分配爲原則。

其實少數人爭奪財富，使多數人不能享受，這是不合理的。富人貪得無厭，詭計多端；而窮人生活簡單，靠工作糊口，更是應該享有富人的待遇。所以財富應當給與多數人享用，國家應該立法規定，個人所有的田地財產，不得超過若干數目；國王的權力應該有所限制；官吏的陞遷，不可使用賄賂。如此一來，政治自然可以清明。如果要照先生枝枝節節的辦法，取之於彼，而用之於此，可以說是剜肉補瘡的辦法了。」

我說：「關於這點我並不贊同。我不相信一切事物共有之後，人民還可以富足。在這種情形之下，人民一定是怠惰於工作，怎麼可能產出更多財富呢？人民工作獲得的東西，不能據爲己有，那麼爭奪流血，不是更常發生嗎？並且國家的權威減少，人民不肯敬仰行政官員，執行政策恐怕更加困難了。」

拉斐爾說：「你有這些疑問，我絲毫不感到意外。如果你像我一樣，曾在烏托邦住了五年，你就會瞭解那個地方的政治之好了。」

賈爾斯說：「你所說的很難使我相信，比起我們所熟知的這個世界，在另一個新世界竟能發現生活得更井然有序的人民。在我們熟知的世界，有同樣聰明的人，有歷史更爲悠久的國家，由於累世的經驗而制定了不少的良善的法律。此外，偶然間發現的好法令也不少。」

拉斐爾說：「烏托邦擁有很久遠的歷史，他們有城市的時候，我們這裡還沒有人民呢！好的法律，他們也有不少。我們的聰明儘管可以超過他們，但是他們在政治上用力之勤，研究之精，則遠超過我們啊！我們還沒有到過烏托邦之前，他們對於我們一無所知。直到一千二百年前，我們的船因爲暴風雨被吹到他們的島國中，他們稱呼我們爲晝夜平分線外的人。那次的意外，有幾個羅馬人和埃及人被沖上岸，從此留在烏托邦了。或許烏托邦人藉此學習了關於羅馬和埃及的技藝，也或許是從得到的線索自己加以研究發現，因此而獲益不淺。然而，我們的聰明和資源並不亞於他們，何以我們的國家總是沒有他們國家的幸福與繁榮？我想原因可能在此啊！」

我說：「拉斐爾先生，那麼可以請你詳細敘述這個島國的情形給我聽嗎？凡是烏托邦的地形、河流、城市、人民、風俗、法律，都請你一一詳加描述。凡是能開拓我們眼界的事物，我們都想知道。」

拉斐爾說：「關於這些東西我都印象深刻，並且願意分享，不過需要較長的時間罷了。」

我說：「那麼我們先進去吃飯，飯後再繼續說，好不好？」

他說：「很好很好。」

我們便一起入內用餐。

飯後，我們仍舊走回原地，坐在長凳上說話，並吩咐僕人，無論任何客人都不要讓他進來。我和賈爾斯催促著拉斐爾，他沉思片刻之後，便開始敘述起關於烏托邦的一切。

第二編　論烏托邦的政治

烏托邦島的地形像一個新月，東西最寬的地方，差不多有二百哩，周圍為五百哩，南北兩角，相距約十一哩。因為有陸地環繞，不受風的侵襲，所以海灣上的風浪極小，波平如鏡，很像一座大湖。沿著內海的居民，好像住在碼頭上一樣，舟楫來往非常地便利。至於靠外圍的岸邊，山勢崎嶇、波濤洶湧，航行是很危險的。海峽的當中，特立一個小山，上面有一座很堅固的碉堡，守兵就駐紮在裡面。此外水底暗礁密布，因而令人難以提防，只有本國人熟知各條水道，外來的人沒有烏托邦人領航，很難進入海灣。烏托邦人在沿岸上立有標誌指引，作為航行的指導；倘使有外來的人入侵，他們便把標誌移動，敵船必須冒著極大的危險。靠著外海的地方也有許多港口，到處都是天然的險隘，防禦極佳，一夫當關，萬夫莫開，很容易防守，所以也不怕外人的襲擊。

據說烏托邦本來是個半島，後來克服烏托邦的烏托伯（Utopus）使島上未開化的純樸居民，成為具高度文化與教養的人。後來他帶領許多兵士以及本地居民，一起去伐山掘土，鑿開了十五哩的地方，將海水引進來，才變成了一個島國。鄰國的人民，起初譏笑烏托伯的這個工程是白費力氣，後來見識到他的成功，轉而佩服他偉大的遠見，並且對他升起敬畏之心。

烏托邦共有五十四個城市（當時英吉利和威爾斯，共有五十四郡）都使用同一種語言、文字，此外在風俗、制度、法律無一不相同。各個城市的形勢和布置也是一樣，彼此之間的距離，較遠的爲二十四哩。從這一城到另一城，步行的時間都不超過一日以上。

參議會叫做亞馬烏羅堤（Amourote），每年開會一次討論國政。每一個城市派出三個參議員，都是些年高望重、聰明練達的人士。全島當中的其中一城，因爲位置適中，便是烏托邦的都城。每個城市都不會無止境的擴張，因爲他們所注重的是境內農民的優劣，而不是土地的多寡。

城市的四周都有農田和村舍，在村舍裡各式各樣農具都有。市民輪流的搬到這裡居住耕種。每一個農莊大約有四十多名男女負責種田，再加上兩個農奴。由兩位賢明長者，男女各一名，負責指揮管理一切。每三十個農莊，有一個首領，叫做村長（phylarch）。每一農莊每年可以派二十人到城裡居住，不過必須在鄉間住滿二年，才可以入城。同時城市也會派出二十人到鄉間學習農業，學習農業滿一年的人，便可以做教師。這樣的辦法可以使食物不致匱乏，農業的知識又可以廣爲學習，正是所謂一舉兩得了。此外這個辦法可以使不願意從事農耕的人，不會被迫長期過著農居的生活；而喜愛農作的人，可以獲得許可多待幾年。牲畜以及木柴等可以視情形，經由水路或是陸路運送進入城市。他們用巧妙的方法大量飼養雞群，母雞不需要孵蛋，蛋是經由人工孵化，小雞一孵化便將農人視爲母親。

烏托邦的人民飼養少量的馬，不過所養的馬都是精壯猛烈，善於馳騁，作爲備戰之用。至於耕田、馱運都是由牛擔任，牛雖然不像馬善於奔跑，但是更加吃苦耐勞，不致於常常染病，且不需要花費很多，肉又可以供食用，所以養牛的人很多。

他們種植穀物當作糧食，或是用來製作麵包；常喝的飲料有幾種：一種是葡萄酒，一種是藥酒或蘋果酒，此外便是乾淨的水與蜜糖汁或甘草漿了。他們所收成的農作物，或飼養的牲畜，數量都比他們需要的更多，因此當鄰近的居民需要的時候，可以隨時接濟。當鄉村有缺乏物資的時候，可以通知城市內的長官提供，無須用任何實物交換，就可直接取得。居住鄉村的人，每逢聖日（每月的初一和月底），總要進城一次。每逢農作物要收割的時候，村長如要城市中的人幫忙，可以通知長官，派遣若干人下鄉工作。

亞馬烏羅提城與其他

只要到過烏托邦的任何一個城市，基本上就可以不必到其他的城市，因爲各個城市的情形都是一樣。現在我只講述一個城市，便是亞馬烏羅提城。這是烏托邦的都城，元老院會所在地，所以最莊嚴偉大。我在這個地方住了五年之久，所以更是愛慕這個城市。

亞馬烏羅提城，位在一座小山丘上，彷彿是一個方城。從山頂下築起，一直到亞歷德河（Anyder R.）寬度差不多有二哩，長度少許多一點。亞歷德河發源於距城八十哩的一條小河，由於若干支流的匯集而使河面加寬，在城邊約有半哩的寬度，離城六十哩處便注入大海。河水平穩而通暢，每當漲潮時，海水會淹上這條河達三十哩。不過城內的居民，始終有清潔鮮美的淡水可飲用。

城裡的河上有一座大石橋，圓洞甚多，極爲莊嚴美觀。橋在城中距海最遠的地方，所以船隻往來，毫無阻礙。此外城中還有一條小河，更爲平靜舒徐，是亞歷德河的支流。城中居民在這條小河以及亞歷德河的發源處，都築起了圍牆加以保護，以免作戰時，敵人在上游投下毒藥。此外還有人造的運河和蓄水池，蓄水池用來儲蓄雨水，以供居民之用。

城的四周圍都有築牆，牆上都有碉堡，城的三面挖有壕溝，旁邊種滿了荊棘和矮樹，另外一面則是天然的護城河。城內的道路都寬大而壯觀，便於行駛馬車（當時倫敦尚沒有馬車），並且可以禦風。街上的房屋櫛比鱗次，異常的整齊。道路普通有二十呎寬，房屋的後面都是大花園。每一家的房屋都是前門臨街，後門對著花園。門為兩扇式，不加鎖鑰，極容易開關。任何人都可以隨意進出，因為室內的東西，都不是私人占有的（這與柏拉圖《共和國》所說的人家一樣）。每隔十年，會以抽籤的方式交換房子。

每戶房屋的後花園美更是美麗到無以復加，花園中有葡萄架，有美草，有奇花，處處賞心悅目，而剪裁的手法，更是別處從來沒有見過的，好像這些花園，都有爭妍鬥媚的景況。這種利人利己的設施，眞是值得人們的欣賞。創造這座城市的人，大概最注重花園的布置了。

實際上，據說這個城市的設計是由烏托邦的國王所草擬的，不過後續的細部修飾、布置和加工，無法僅靠一個人的力量所能完成，是後人逐漸實施起來。烏托邦的歷史有一千七百六十年之久，根據歷史記載，起初城內都是些矮小的茅草屋，圍繞著土牆罷了。現在的房子卻都有三層（據倫敦歷史記載，在十四世紀，倫敦有二層樓和三層樓的房子），外表裝飾也極其華麗。房子的外牆是用磚砌或用石砌，內部則用木板鑲嵌，屋頂爲平式，用石灰瓦造成，可以防火。雖然很便宜，但是非常的耐用，窗子都用玻璃防風（當時倫敦已有玻璃業公會，但是盛行玻璃窗，則在摩爾死後一百年）。窗簾是用細麻布塗上透明油料，這樣一來既可禦風，又不致妨礙光線。

城鄉的行政長官

每三十家或三十農莊，每年舉出一個行政人員，稱爲里長（Syphogrant），後來改稱村長。十個里長，包括三百個人家，又歸一個鄉長（Tranibore）管理。至於市長的選舉，是由二百個里長辦理。他們選舉的時候，都要宣誓，並選擇一個最適當的人就職。然後就選出的四名候選人中，用匿名投票法，選出一人，最後請參議會派任。市長的任期是終生的，不過如果市長有陰謀或是施行暴政，就會被逐出。鄉長是每年選舉，不過人民也不輕易換置鄉長。其餘的官職都是每年一任。鄉長至少每三天須到參議會中，與市長共同商討行政事宜。凡是遇到行政上不容易解決的大事，都要經過愼重地討論，並且請里長一起商量。至於重要的事，須在參議會討論至三日之久，才能立法。如果他們在參議會以外討論立法或國政，都有被定死罪的可能。這種規定是爲了防備市長、鄉長勾結把持、虐待人民而設。此外最重要的事件，是送到里長選舉場合中，交由人民發表意見，轉送參議會討論，有時也交給全島參議會討論。

有許多事情，第一次提出討論後，須要開第二次會重新討論。因爲第一次爭論時，人們易有疏忽失慮的地方，二次會議間隔幾日可以重新加以思考，自己糾正自己，也不覺得有什麼難爲情，但是於公共福利，便大有益處了。

知識技藝與職業

全國無論男女，農業是他們必備的知識。人民對於農業的相關知識和技能，必須訓練純熟，自幼就在學校中訓練，並且在農田中實際操作，隨時精進，以便增長閱歷。除了農業爲人人必備的知識外，每人還要學習一種專門的技藝，譬如羊毛紡織（這時候英國的羊毛紡織業，已經十分發達）、泥水、冶金、木作等。另外，全國人民的服裝都是同一式樣（亨利八世奢侈，人民的衣服爭以華美見長，所以摩爾才有這種建議），不過男與女有分別，已婚的人和未婚的人，也有分別。他們的衣服樸素、雅潔而又舒適，便於身體動作，冬夏皆宜，且都是每家自己製造的。

以上所說的專門技藝，男女都必須學會一樣，女子當然大部分是學習紡織，而男子所學的專門技藝，通常比較吃力一些。大致上，每個人都會繼承父母的職業，因爲自小耳濡目染，性情相近，不過假如青年另有所喜，也可以至別人家裡學習技術。這樣的情形，他的父親和行政官，會很慎重地選擇適當可靠的人家。此外，如果人民已經學會了一種技藝，還想學第二種技能，也是可以的。學會兩種不同的技能之後，可以自由選擇職業，除非該城市有特別的規定。

里長的唯一職責，就是到處巡視，不要放任居民遊手好閒，無所事事，並且勸人對於固有的職業，要勤勉從事。但是另外也要注意的，便是工作時間不要太長久、負擔太過於吃力（當時英國工作時間過長，所以摩爾會有這樣的想法）。如果工作時間太長，工作太苦，那豈不是比奴隸的處境更不幸了。但是除了烏托邦之外，還有哪一個國家，能有這種景象呢？一天二十四小時，只有六小時工作，上午三小時，下午三小時，中午有兩小時午餐休息，晚間八時上床，每天都能有八小時的睡眠（摩爾每天不過睡四、五小時）。其餘所有的空閒時間，也能好好的利用，學習有益的知識，免得怠惰爲非。烏托邦各個城市中，每天早上都會邀請學有專精的人舉行公共演講，人民一定要參加。不過公共演講會有好幾處，每個人可以就自己性之所近，選擇一處去聽講。倘使不想聽演講，想利用這段時間，鑽研自己的職業，政府認爲此舉有益於公共福利，也是可以的。

晚飯之後，人民多半是從事娛樂。娛樂的地點，夏天在花園裡，冬天在公共食堂裡。娛樂的方式，或是演奏音樂，或是彼此談心交流，賭博或是其他有害的遊戲絕對沒有。此外有兩種遊戲，類似下棋：一種是數目的勝負，另一種是善惡的鬥爭，表現許多罪惡如何聯合起來，以破壞道德，而道德又使用怎麼樣的計策以抵抗罪惡，而終於獲得勝利。

有人認爲每天工作六小時實在太少，在生產方面可能會造成產量不夠。其實不然，這六個小時，不但不會太少，反而是很多。爲什麼呢？因爲在其他國家，不用工作的人民占了很大的比例，譬如將近人口半數的婦女、寺院中的僧侶、擁有田地的貴族、貴族家裡的僕婢、遊手好閒的乞丐，都是不事生產的人。假如讓他們從事工作，還怕生產事業不發達嗎？照現況而論，創造人們日常必需品的勞動者，遠比想像中來得少。進一步說，在以金錢衡量一切的世界中，人們從事的許多行業都是爲奢侈的生活提供享受，並無實際貢獻。假如使人們的職業，按照實際的需要進行分配，不必擔心必需品產量少，如此物價也不致於昂貴，人民的生活自然容易維持。假如使人人都做正當的生產事業，不務正業以及遊手好閒的人都派去勞動，從事有益生產的工作，那麼產量一定增加。這麼一來，每天工作六小時，恐怕還是太多了。

關於這一點，烏托邦落實的情形，實在很好。城鄉中，因爲年老或是多病而不工作的人，極其少數，最多不過五百人。里長照例可以不從事生產，但是視察勸誘便是他的工作，有時他也自告奮勇，加入他所喜歡的工作，以身作責鼓勵人民工作。擁有專業技能的人，假使能利用閒暇之餘，學習技藝，或特別勤勞，有所表現，可以經過推薦專職進行各科學術研究，加入教師行列。反之，研究學術的人如果毫無成績，則要調回從事生產。

從專職研究做學問的教師階級中，選出外交使節、教士、鄉長和市長。至於其他的人民，工作時間並不長，但做出來的東西品質都很好。爲什麼呢？因爲烏托邦的工作，並不是很繁雜。現在其他的國家常常要建築房屋，都是因爲窮奢極欲，原本只需花小錢即可修理的房子，卻任其毀壞，寧願花更多的錢建造新的房子。在烏托邦，政治穩固，管理得法，人民不喜歡移居他處、濫造房子。對於房屋會十分愛護且注重維修，不讓房屋坍塌或滲漏，所以維修費不多，房屋也可以經久耐用。因此木匠、泥水匠常常無事可做，去替人伐木鑿石。

此外，他們所需的人工很少，還有另一個原因，就是他們的服裝簡單，工作的時候都穿一種皮衣，可以耐用至七年之久。出門的時候，披上外套，將裡面的工作服遮蓋起來。全島人民所穿的外套，都是同一顏色，也就是羊毛原來的顏色。所以他們需要的羊毛比他國爲少，羊毛的價値也比較低廉。布織品用得較多，質地都非常之白；羊毛則取其乾淨，至於精細這個部分，他們不大考究。其他國家的人民，一年要四、五套外衣；烏托邦的人民則只需要一套就足夠。烏托邦的人認爲即使多一套衣服，也並不見得更能禦寒，更加漂亮啊！

他們所從事的職業都有益於社會，人民如有餘暇，便修補公路，眞是無事可做的時候，便縮短工作的時間。烏托邦的行政官員從來都不會叫人民做過分的工作，爲什麼呢？因爲他們相信人生的幸福，在於修養身心，將空閒的時間用在修養心性方面，才能擁有快樂的人生。

人民的生活與交際

接下來要談談烏托邦的人民如何交際，以及他們娛樂的方法。城市中有許多家族，每一個家，都是由有親屬關係的成員所組成。女子成年之後出嫁，會住在丈夫的家中。男子和他的兒女，仍舊是住在原有的家庭中，由家長管理。家長去世後，再推一年長者繼任家長。

每一個城市，大約有六千戶（鄉間不計），政府不願人口過多或太少。每一個家族不得少於十人，或多於十六人，十四歲以下的兒童不包含在內。如果人數過多，就另分為小家族，移到缺少人口的城市中居住，以便人口平均。如果全島人口過剩，他們便挑選若干戶口，到附近大陸上的荒地，建設新的村落，並歡迎當地人加入。這樣的辦法不但可以開墾荒地，並且可以灌輸新知識給他人，融合共同的生活方式及風俗。如果當地人不願加入，就將當地人驅逐出烏托邦人所圈定的範圍，當地人如果反抗，烏托邦人就會出兵討伐。因為當地人沒有善加利用土地，卻也不讓其他民族靠此土地維生，他們認為這種情況下出兵作戰，是最具合理性的作戰。如果各城市因為瘟疫，人口大量減少（摩爾在一五一六年撰寫此書，英國自一三四八年到一六八〇年，盛行黑死病），他們便將原來在殖民地生活的人民調回城市，寧願讓殖民地荒廢，也不能讓城市蕭條。

每一個家族中，以年長的人爲家長，妻子伺候丈夫，孩童侍奉父母，年輕者照顧年長者。每一個城市分爲四區，每區的中心點就是市場所在，在市場裡各種貨物都有，每一個家族的製成品都運到市場，分門別類的陳放。每個家族的家長可以到市場拿取需要的物資，自由拿取，不需付錢。因爲生產的各種物資豐富，人人不怕不夠用，多拿也是無益。人類的貪婪心是由於擔心物資缺乏而產生。囤積貨物的人往往以爲自己有先見之明，而感到自豪，但是在烏托邦，這種心理根本不會產生。

除了市場之外，旁邊還有食品市場，裡面有各種蔬菜、水果、麵包、水產等，還有可供食用的牲畜，應有盡有。需要經過洗滌血水、污穢的東西，會在城外近水之處洗滌，免得魚腥、血腥的臭味，使人難受。屠宰牲畜在其他地方，不在市場之中，因爲人民若時常看見屠宰牲畜，恐怕會因此減少他們的惻隱之心。所有牲畜皆由奴隸屠宰，並將處理、洗滌過後材料運到市場。烏托邦人還規定，一切不乾淨的東西，不准攜入城市，以防傳染瘟疫。

每一條街上，都有好幾個餐廳，距離都相等。每個餐廳都有自己的名稱，無一相同。里長都住在餐廳裡，大概三十戶人家共用一個餐廳。餐廳的管理員會按照餐廳內用餐人數的多少，領取相當的伙食。

關於人們的日常生活，最要緊的便是醫療資源。每個城市鄰近城郊的地方，有四所醫院（當時倫敦有四大醫院）。醫院的規模異常的宏大，就好像四個小市鎮一般。因此住院的病人，不致擁擠一處而互相傳染疾病。醫院內的設備也非常的完備，醫護人員更是用心治療、貼心照顧。病人在醫院會覺得比在家中還要舒服，所以一旦生病，沒有不高興住院的。醫院管理飲食的醫護人員，會瞭解醫生對每位病人的飲食控制，再送上精心烹調的食物。對於食物的分配，一視同仁，除非市長、主教、鄉長或外來的賓客住院，會在伙食方面更加優待一點。

中餐和晚餐都有固定的時間，中餐爲十二時，晚餐則爲下午五時。除了病人外，大家聽喇叭號聲，就會到餐廳吃飯。人民可以從市場將食物帶回家中烹煮，不過因爲習慣所拘，很少有這種事情；因爲在家中用膳，多少被視爲有失體面。此外還有另一個原因，便是餐廳裡菜色很豐盛，又很美味；自己烹調反不如公共伙食可口。餐廳裡所有的粗活都是由奴僕做，至於菜色的安排以及烹煮則是由各家族的婦女輪流擔任。吃飯的時候，大概會有三桌以上，男子坐在長板凳上，靠牆吃飯，女子則靠外處坐，如有身體不適的狀況時，方便離座。母親或褓母可以帶嬰兒至專門指定的位置用餐，那裡有爐火、乾淨的水以及搖籃，方便母親以及褓母照顧嬰兒使用。母親都會哺育自己的孩子，萬一母親死亡或生病，里長便會設法幫忙尋找褓母。這很容易辦到，因爲能幫上忙的婦女們都非常樂意伸出援手，這樣的善舉會受人讚揚，幫忙撫養的嬰童也會將褓母視如親生母親一般。五歲以下的孩子會和褓母同座，其他的未成年人，無論男女，都要在飯桌前伺候做事；年紀太小還無法做事的人，則站立於桌旁，不能發言。里長和他的夫人坐在當中的高桌上，他們能看到所有人用餐，這也是榮譽的一個桌子，和里長夫婦同桌的還有兩位最年長者，一桌四人。倘使這個城市設有教堂，那麼教士與其夫人便與里長夫婦同坐。而他們的餐桌旁邊是年輕人坐，再過去是年長的人。如此安排，讓年長者和年輕人有接觸的機會，年輕人可以聽聽年長者分享經歷。上菜的時候，先送給年長者，美味的菜由年長的人分配至全桌；如果分量不足，則先分給年幼的人。這樣一來，年老的人可以獲得相當的尊敬，大家也能一同享有飲食上的快樂。

他們用餐之前，必定會請一個人誦讀（這是摩爾家庭中的習慣）。誦讀的內容大部分都是關於禮節和修養問題。誦讀時間很短，以免聽者感到厭煩。誦讀的人爲年長者，讀過之後，會跟著引導出適當的話題，輕鬆又風趣，不至於失之莊嚴。此外，他們也常常請年幼的人發言，在愉快的用餐氣氛中，使得年幼的人流露出各人的理智和性情。中午用餐時間比較短，晚上用餐時間比較長，因爲午餐後還要工作，所以簡單一點；晚餐後就可以休息，有充分的消化時間，所以食物種類較豐盛（十六世紀的英國人，喜歡考究中餐）。晚餐時總有音樂，有餐後甜點，並且灑香水於餐廳中，竭盡所能使大家心情愉悅。他們認爲，凡是正當的享樂方法，都不應該禁止。

以上是在城市中人們的生活情形，至於在鄉村，因爲每戶人家相距較遠，所以大半是在自己家裡用膳。每戶都有一切食品供應，所有食材都是從鄉村提供，所以他們從不感覺食物的缺乏。

旅行和其他問題

居住在這個城市的人，想要去另外一個城市探視親友或旅遊，須向里長或鄉長申請通行證。通行證的很容易發給，不過因爲特殊原因，有時也會不發。一群人民出發的時候，要持有市長的文件，證明他們獲准外出，文件上會註明回來的日期。外出的時候，配有一部牛車和一個奴僕，如果行程中沒有婦女隨行，大家通常不會使用車子。旅行的時候，可以什麼東西都不帶，因爲各地招待旅客非常周到。如果在別處停留一日以上，他們也會加入當地的同業工作，接受同行人殷勤款待。凡是旅行的人，沒有攜帶證明書與通行證就闖入其他的城市裡，會受到重罰，若是再犯，便會被貶爲奴隸。

如果有人想在自己城市中的鄉村散步，只要父親、妻子同意，便可以出去。不過無論到哪裡，都必須先將當天的工作做完，那麼他就可以在他處受到飲食款待。所以只要有工作，在城內城外，都是一樣的。這樣的規定，讓人民不管在哪，都不容許浪費時間或是逃避工作。而且，國內沒有酒店、賭場等會讓人腐化的場所。每個人的一舉一動都在眾目昭彰之地，如何作惡呢？所以這裡的生活除了工作，便是正當的消遣娛樂。

人民生產的物資很多很豐富，而且大家都能公平地獲得，所以沒有人會變成窮人或是乞丐。亞馬烏羅提的參議會（每一城市每年派遣三個年長的人爲代表，見上文）若得知甲城缺乏某種物品，而乙城的該種物品過剩的時候，就會以有餘濟不足，將兩城互相調劑。當甲城收到物品時，也不需要給報酬；乙城提供物品，也不會索取報酬，因爲全國上下互通有無是理所當然的事。

烏托邦人認爲來年的收穫是在不可知之數，所以生產物資總要預先儲備二年的份量。如果生產的物資還有剩餘，會將物品運到外國出售，售價都很便宜，而且這些出售物品的七分之一，會免費送給該國的窮苦人。透過這樣的交易，烏托邦人運回大量金銀，也帶回國內缺少的物品，如鐵料。他們做生意的時候，不一定要收現款，但要得到城市當局出面擔保，簽訂合約，約期付款。到了約定付款的那天，外國城市會收集私人應付款項，存於一處，以便烏托邦的債權人前來領取。不過烏托邦的人，不大需用款項，也不催討債務。他們需用款項只在於善舉和作戰。作戰的時候，要雇用外國人當兵，所以用錢很多。他們不願自己人上戰場作戰而死，所以願意出極高的價錢招募雇用外籍兵。另外，烏托邦人也瞭解使用大量的金錢，甚至可以收買、出賣敵國的兵士，或使其各懷鬼胎或彼此殘殺。基於以上的軍事理由，烏托邦人儲存、收藏了不少金銀財寶。他們蓄積金銀的目的，是爲了應付可能發生，也可能永遠都不會發生的突發事件，與我們完完全全不同。關於這點我也不必多說，因爲就算說了，人們也不能相信。但是百聞不如一見，倘若我沒有親眼看見這種國家，我也不能相信世界上會存在這種風俗和法制。

其實金、銀本身的用途遠低於鐵，鐵就如同水和火一樣，是我們所不能缺少的。所以在實用性上，金、銀怎麼比得過上述幾種東西呢？只不過因爲金銀的產量少，才會便被人看重，增加了價值。自然界是我們的慈母，把我們所最需要的東西，如空氣、水源、泥土，讓我們可以俯拾即是；至於沒有用的東西，便置於很遠的地方。烏托邦城市藏了許多金銀於城堡中，難道不怕人民起疑是政府私自侵占或利用嗎？但是他們自有辦法。

他們知道金銀之所以被人重視的緣故，是因爲人們把金銀當作有用的物品，因此他們用金銀的方法，根本與我們相反。我們可能無法相信，他們飲食所用的器皿都是陶器，適用而不值錢。至於金銀所做的器皿，有些是便壺，有些是手鐐，有些是腳銬，都是將金銀用在爲人所不齒的地方。他們有時甚至還做出金耳環、金手圈、金頸練，作爲科罰罪犯之用。在烏托邦金銀所代表的是恥辱、是責罰，自然而然無人喜愛了。世界其他各國中看重金銀的人，只要到烏托邦一遊，便會失去對金銀的信仰了。此外，他們也開採寶石和鋼鑽，不過是用來作爲兒童的飾品，就像是玩具一樣。等到孩子年紀漸長，便不愛戴這些飾品，就像我們的兒童長大之後，不喜歡嬰兒時期的東西一樣。這種風氣和觀念，我們世人做夢也想不到。

曾到烏托邦的各國的大使都知道，在烏托邦華麗的衣服不被重視，絲綢被視爲賤品，就連黃金都變成可恥的象徵。因此出使到烏托邦，使臣們都會換上樸素的衣服。有一次，阿涅摩林國（Anemolians）的三位大使，受命出使到烏托邦。因爲兩個國家相距太遠，因此不知道烏托邦的民俗風氣。這三位大使穿著盛裝，身上穿戴了許多珠寶和黃金飾品，就連身邊的隨從也都穿著絲綢衣服，眞可謂華麗至極的排場。結果沒想到，街上許多圍觀的人都以爲來了許多罪人和奴隸，甚至連街上的孩子們，都笑他們像孩子一樣穿戴珠寶。這三位大使在烏托邦住了一、二日，便發現烏托邦人極不重視金銀珠寶。烏托邦人的理由，是認爲這種無用的東西，不值得人們欣賞。倘使因金銀珠寶有燦爛奪目的光彩，便能因而價值不斐，那還不如欣賞太陽與星星。過於看重金銀和珠翠這些東西，實在是輕視人類的偉大。堂堂身高七呎之軀，爲那些金銀珠寶做牛做馬，受到它的束縛，這是何等不幸也是極傻的事！所以我們重視金銀，希望擁有無限的財富，卻一毛不拔，實在是爲烏托邦人所訕笑。

烏托邦人之所以能擁有這樣高尙的理想，一半是因爲法律風俗的訓練，一半是因爲讀書所給的學識。在烏托邦，可以免除一切生產工作而專門從事學術的人，爲數很少，但是人人自幼讀書，較優秀的分子，不論男女（這與柏拉圖的主張一樣，摩爾的女兒都極有學問）一生都喜愛閱讀。烏托邦的詞彙豐富，朗讀起來音調極爲悅耳，最適於表現人類的心理和情緒，實是世界上最純潔、最美麗的文字。鄰近各國的文字雖然與烏托邦的文字相似之處很多，不過依舊有各別不同的變化，然而總不如烏托邦文字之美。

說到哲學家，烏托邦也有很多名人，對於音樂、邏輯、數學、幾何等領域，都有其獨到之處，可以與古代哲人並駕齊驅。至於研討邏輯的巧妙，他們就遠不如我們了！（這是譏刺的話。中世紀學者研究邏輯過於煩瑣，發生學術上的障礙。摩爾代表英國新文藝運動，反對這一派的探討）關於我們的學童在「小邏輯」（Small logicals）中所要學習的限制、擴大、假定等我們所獨創的各條規則，他們都沒有發現。所謂初步概念（事物的總認識），他們還可以理解；至於複步概念（事物種類的分析），他們就一無所知了。不過對於天文地理，他們研究的很深入，並且發明了好幾種儀器；至於星宿所引申的禍福問題，他們絕對不談。他們能用經驗和觀察預測氣象。但是對於引起潮汐的原因、海水的鹹質，以及宇宙的起源，他們的論點和我們古代哲學家差不多。不過他們的學者在看法和論點上，也有不同的意見。

說到倫理學，他們的理論與主張與我們一樣。所關注的問題，有靈魂問題、修身問題、快樂問題等等，其中尤其注意於關於人類幸福的問題。關於這點，他們認爲構成人類全部最主要幸福的是快樂，他們甚至使用宗教爲這樣的論點辯護，以維護休閒與享樂。譬如宗教上主張「善有善報，惡有惡報」他們便十分相信。此外，還有一種理論，他們也極其相信，就是不可貪圖小的快樂，而失去大的快樂；也要避免因爲貪圖小的快樂，最後遭致痛苦的後果，那是不值得的。至於刻苦守道，排除一切的娛樂，他們也不贊同。

烏托邦人認爲不是每一種快樂都能構成幸福，必須是正當且合理的快樂。爲求眞正幸福起見，還須以道德爲前提。他們認爲道德是合於自然的生活，人們受上帝的支配，順應自然界以行事，一切都是合於理性的。上帝願我們生存，願我們獲得幸福，只要我們保有理性；有理性，我們便能敬愛上帝，我們的生活要能夠快樂而無障礙，又要能夠幫助他人，使他人減少疾病，增加愉快。照自然界的規定，人類的生活是以求樂爲目的。人類的生活合於自然界的規定，便是道德。自然界希望人們得到快樂，我爲什麼自己不求快樂？不過自然界爲人謀快樂，是爲全體而不是個人的，所以我們的道德也應如此。

照這個互助互利的原則說起來，所以我們對於契約和法律應當絕對的遵守。因爲這種契約和法律，是行政官或人民自己定下來的互助互利共同享樂的結合，沒有絲毫壓迫或欺騙的手段存乎其間。若自己不侵犯法律，便是謀自己的幸福，也是自己愛國的表現。倘使謀自己的快樂，卻會阻礙他人的快樂，則是不合理的。進一步說，假使拿你一部分的東西給予需要的人，那人一定很感謝你，使你得到精神上的愉快，這也是一種報酬。人們施行小善，上帝必回報以永久的快樂，因此烏托邦人相信一切道德的行為，到最後也都是一種快樂和幸福。

烏托邦人說快樂是屬於身心兩方面的，要順著自然界的趨勢，所以快樂不僅要滿足肉慾，也要滿足理性。不正當或會產生不好結果的愉快，他們不認同那是一種愉快。但是世人卻常沉溺於他們所不認同的愉快裡。譬如有人覺得穿著華美的衣服是一種愉快，認為衣服的華麗，可以增加自己的地位；其實精美的衣服，相較於粗製的衣服，用處未必來得比較大。但是講究衣服的人，總是以為衣服的好壞是有各別的價值，於是力求衣服的華美；穿著好衣服而不為人所重視，他們便怒形於色。另外有人喜歡虛榮，覺得虛榮是一種愉快，其實鞠躬脫帽，對於我有什麼真正的快樂？難道可以醫治你的膝蓋痛和頭昏嗎？一般自命為高尚的貴族，都是發狂地喜歡這樣虛偽的禮節，認為這樣是一種快樂。有許多貴族從前擁有田地甚多，現在卻幾乎無立足之地，卻依舊覺得他們自己仍富貴非凡，這豈不是很好笑的事嗎？

此外，愛好珠寶的人得到好的寶石，特別是被認爲非常珍貴稀有的等級，他們便以爲自己很了不起。一般人對於珠寶的眞僞是非常小心的，一定會要求賣珠寶的人擔保是眞品。其實自己的眼力既然不能辨別眞假，那麼眞的與假的又有什麼分別呢？就如同眼盲的人必定以爲眞品或贗品價值是一樣的啊！將金銀藏在地窖中的人，以爲這是一種快樂，卻不願意把錢花掉，都是虛假的快樂。這些金銀他自己既然不用，旁人也不能用，這不是等於沒有嗎？假設這些金銀被人偷走，但自己卻一直到死了都還不知情，活著的時候自己心中當然很愉快，但這金銀有沒有存在，對主人而言又有什麼分別呢？

除了以上幾類沉迷於愚蠢樂趣的人之外，烏托邦人認爲還有一種人不快樂，就是賭錢打獵的人，沉溺其中，不能解脫。烏托邦人不明白在桌上丟骰子，有什麼快樂可言？至於打獵的時候，聽到狗吠之聲，嗥嗥不已，一隻狗驅趕一隻鹿，奔走馳逐，有些人便覺得非常的快樂。但是這樣殘殺的景象，強欺弱的結果，最終無辜的鹿被兇殘的狗咬死，我們應升起惻隱之心，感到殘忍，怎麼反而會覺得這是種快樂呢？所以烏托邦的人認爲打獵是最可恥的一種屠殺、最殘酷的娛樂、最不正當的一種消遣，倒不如殺雞殺鴨，還可以充當飲食。這種鄙俗的娛樂之所以能夠存在的原因，就是因爲惡風俗、惡習慣的影響。

烏托邦人注重正當的娛樂，他們將娛樂分爲兩種；一種是體質上的娛樂，一種是精神上的娛樂。關於精神上的娛樂，他們注重知識方面，瞭解眞理，追念昔時的快樂，與信仰將來的快樂。

體質上的快樂又分爲兩種：第一種是屬於感官的，如飲食、音樂，都可以使人得到感官上的興奮或暢快感。不過飲食不宜過多，這是他們很留意的。第二種快樂，便是身體上的安寧與行動健全。換句話說，就是身體健康而沒有痛苦。一個人的身體沒有痛苦，雖然沒有快樂的外形和內徵，也是極其快樂的。這種快樂當然不如肉體上的快樂可以清楚感覺到，不過很多的人認爲這是快樂中之無上妙品（俗話「多病方知健是仙」就是這樣的道理）。烏托邦人認爲健康是一切快樂之根基，只要有健康，便是種生活上的快樂。假如沒有健康，其餘的快樂也沒有立足之地了。另外，沒有痛苦，也沒有健康，烏托邦人民叫做無感覺，不叫做快樂。有人認爲身體的安寧不是種快樂，烏托邦人則反對此說。他們說疾病中常常帶著一種痛苦，會令人感到不快，因此也可以說疾病本身就是痛苦。所以身體上的安寧，的確是一種快樂。無論健康的本身是一種快樂，或者健康是另一種快樂的原因，其實就是兩句話或是一句話罷了。譬如人處於不健康有病痛的狀態，飲食很容易受影響；如果健康恢復，飲食自然更愉快的多了。有人說，在健康的狀態下，不大覺得健康是一種愉快。不過在不健康的時候，一定可以體會。除非無感覺或患了昏睡病的人，沒有人會不知道健康是一種快樂。

事實上，精神上的快樂十分爲烏托邦人所重視；所謂精神上的快樂，就是力行道德與正當的生活。而健康更爲重要，一切快樂如飲食等物，都應當爲健康設想才是，否則飲食的本身，也沒有什麼快樂，但是因爲飲食能抵抗疾病，所以覺得快樂。所以聰明的人都能夠避免疾病和吃藥的痛苦，與愁悶的侵犯；不必一味的追求快樂，如此反而會與快樂失之交臂。世人所謂快樂，往往跟著痛苦而來，譬如以飲食而論，有飽食的快樂，便有饑餓的痛苦，快樂只在一時，而痛苦卻常常發生。

進一步說，烏托邦人認爲快樂生活應當順著自然的趨勢。自然界是愛護生物的，絕對不願人類受到痛苦。所以人類應當利用自然界，維持自己的美麗、自己的力量，和自己的能量。視覺、聽覺、嗅覺上所感受的快樂，都是生活上的必需品，他們相信小的快樂，並不阻礙大的快樂，快樂也不是不快樂的原因。假如爲了做善事，而損壞身體，禁食受戒，也是違背自然界的趨勢，因爲自然界是要人人快樂的。

烏托邦人對於道德與快樂的意見，如上所述。根據烏托邦人所說，這是根據理性的研究，我們只敘述他們的理論和立法，並不替他們的立法辯護。無論如何，烏托邦有極良好的政治，與極良好的人民，他們的樂觀積極，舉動靈敏，身材不過中等體力卻非常的強健，土地並不十分膏腴，空氣也並不十分清新，但是人民對於飲食節制，對於田地努力耕種，所以農產牲畜，比他國豐富得多。人民少疾病而多長壽，除了農業之外，林業也極其發達，森林到處皆是。人民安居樂業，勤苦耐勞，並且喜歡知識上的研究。

烏托邦人聽見我談論希臘文學和相關學術感到非常好奇，希望我教授他們希臘文。我便口授若干給他們，他們讀書的成績非常好，寫字、發音學起來都很快。不過這一班學生，是從參議會中一群具有學識的人中選出來的，專攻希臘文化。學了三年之後，他們的希臘文真的可以學以致用，凡是希臘文中的名著，他們都能誦讀。

他們之所以想要學習希臘文，還有一種便利，就是他們的國家多少與希臘有關係。他們的文字、地名、人名也都與希臘文爲近。當我第四次來到烏托邦的時候，帶了一大疊的書籍，包含了柏拉圖的著作和亞里斯多德的論述，還有泰奧弗拉斯托斯（Theophrastus）關於植物的書，可惜此書殘缺不全，因爲航海的時候，書籍陳列在桌上，被猴子抓破了書頁若干。關於文法書，他們只有拉斯卡利斯（Lascaris）的書、赫塞齊烏斯（Hesichius）編纂的希臘語辭典、迪奧斯克理德斯（Dioscorides）的書，但是他們喜歡閱讀傳記作家普魯塔克（Plutarch）的作品，也被希臘作家盧其安（Lucian）著作中的妙語趣談所吸引。關於詩學，有亞里斯多芬尼（Aristophanes）、荷馬（Homer）、歐里庇得斯（Euripides）、索福克勒斯（Sophoeles）的詩集。關於史學，他們有修昔底德（Thucydides）、希羅多德（Herodotus）、希羅底安（Herodian）的著作，都是阿爾達司（Aldus，義大利學者和印刷家）所印的小字體。

我的同伴特里西斯·阿比奈德（Tricius Apiuatus，意謂無足重輕）帶來了希臘醫學之父希波克拉底（Hippocrates）的若干論文，與希臘醫學與哲學家蓋倫（Galen）的醫學書，烏托邦人非常的重視。雖然烏托邦人對醫藥的需求相對於其他國家要少，但他們認爲醫學是了不起且實用的學問。此外，烏托邦人也認爲物理學是一門高深的學問，能夠對宇宙間的玄祕進行探索，他們認爲宇宙的創造者和研究者就如同其他的工匠一樣，將宇宙的結構樣貌賦予人類觀察、欣賞，應當給予創造者和研究者極大的肯定和讚許。

烏托邦人透過對於各種學問的學習，用之於技藝的發明，以促進生活的舒適便利。關於我們的印刷術和製紙工業，他們最爲佩服。我們把阿爾達司所印的書籍給他們看，很粗淺地跟他們談起造紙和印刷的技術，可是他們非常聰明的馬上摸索出可行的方法。從前他們用牛皮、樹皮和草寫字，現在他們也能自己造紙。他們將希臘書籍藏在書架中，並且翻印不少。

每當外國人來到烏托邦都很受當地人的歡迎與款待，因爲他們很樂於傾聽世界各地有趣的人事物。不過爲了貿易而到烏托邦的外國人很少，因爲烏托邦人認爲出口的事業，最好不要落於他人之手，要自己經營。因此烏托邦人掌握了許多國外的情況，並熟練自己的航海技術。

論奴隸病人婚姻和其他種種問題

烏托邦不讓戰囚當奴隸，不讓奴隸的子孫當奴隸，他國的奴隸到烏托邦也不會被當奴隸，只有犯重罪的人，或是在他國被定死罪的人，才會被處罰當奴隸，其中以第二種情況較多。烏托邦人對於奴隸管束很嚴，不但叫他們做工，並且加以桎梏。對於本國人被處罰當奴隸的人，管束格外的嚴格；因爲他們主張，在這麼好的政治制度之下，仍舊作惡，更加可惡！

此外還有一種奴隸，是外國的賤民情願到烏托邦當奴隸。烏托邦對之，十分寬待，與公民無異，只不過工作較爲繁重一點。如果他們要離開烏托邦，不但可以獲得允許，而且不會讓他們一無所有的離開，因此這樣的情況很發生。

烏托邦對病人十分照顧，可謂是無微不至。不管是病人的醫藥，或病人的飲食，都十分注重。至於已經無法醫治的病人，他們會給予安慰，陪他們說話，盡力減輕他們的痛苦。當他們疼痛至極的時候，教士和行政官會來安慰、勸告他們，既然已經醫治無望，就不要折磨自己，拖累別人，只要一死便可以停止所有痛苦，不用害怕，生命於他只是折磨。在這樣的情況下，採取行動結束痛苦才是明智的。接受教士勸告者，可以選擇用絕食或安眠藥水，安心就死，以便早日魂歸天國。不過不願接受建議的人，也不能勉強他們。至於其他未得同意而自殺的人，烏托邦認爲這是違反自然，就不能埋葬，而只能曝屍於沼澤中。

另外，女子到十八歲，才可以出嫁（這與亞里斯多德的主張相同）；男子二十四歲，才可結婚。男女在法定年齡以前，與人通姦，便剝奪結婚的權利終生；除非市長特許，否則不得結婚。子女如犯淫亂之罪，男女家長都要受到輿論的指責。烏托邦的主張，認爲節操不好，會造成婚姻很大的打擊，使人生沒有快樂，所以處罰從嚴。

關於婚姻方面，他們還有一個習慣，是我們認爲較笨拙的。男女結婚之前，女子必須裸體，由一個德高望重且已婚的婦女陪同，到求婚的男子面前相見；至於男方也必須裸體，由一個行爲端正的男子陪同，到女子面前相見。我們當然認爲這個特殊的風俗習慣很可笑，不過烏托邦人卻也笑我們爲什沒有這種習慣。他們說，我們買有一匹小馬，雖然價格不高，都會對這匹小馬細心審視，而且會要求將馬身上馬具拿掉，仔細檢查馬匹身體究竟有沒有毛病。婚姻是人類終身的幸福所繫，如果只看面孔，卻不細細的審查身體，這是何等可笑？如果婚後才發現有不滿意的地方，就很難融洽地相處，以致日後拆散，便不好了。與其婚後才發現隱忍不說，還不如早早審查。烏托邦人認爲婚姻必須要白頭偕老，除非有通姦、虐待等等問題發生，才可以離婚，並且請求參議會發給准許狀，重行婚配。不過導致離婚的那方，是不可以再婚娶的。而男子因細故，而拋棄原配的妻子，也是法律所不許的。如果一方因爲對方年老色衰或多病，而拋棄對方，是最殘酷的行爲。如果雙方意見極其水火，他們也可以訴請離婚，但是要經過參議會的愼重調查，才可以獲得允許。

凡是破壞他人婚姻的人，都要受到重罰，被迫做奴隸苦工。倘使雙方已經結婚，一方與人通姦，另一方情願離婚，是可以的；倘使一方仍舊依依不捨，婚姻可以繼續維持，不過要跟著對方做苦工。在這種情形之下，外遇的一方覺悟，與另一半言歸於好，可以得到政府的赦免，不再做奴隸；但是如果再犯，便要處死。其他淫亂的罪，可由參議會分輕重處置。

妻子有不是，由丈夫糾正；子女有不是，由父母糾正。如有大過，便受國家的懲戒，再有重大的過失，就罰爲奴隸。一方面可以給予教訓，一方面可以替國家工作，比處以死刑更好。如果處罰爲奴隸之後，仍舊作惡不已，便會處死。如果當奴隸的時候，非常認眞工作且眞心改過，可以經過行政官的允許或人民的請求，減少當奴隸的期限，或是完全免去。凡是教唆他人作惡者與作惡的人，一律同罪，譬如誘人通姦與自己通姦，會被處以一樣刑罰。

烏托邦不願人民戲弄愚人，凡是損傷愚人的事，輿論便大大地指摘。所以對待愚人非常之好。照應愚人的人，都高高興興的。對於肢體殘缺的人，不可加以訕笑，否則便以行爲不善看待，會遭群眾的責罵。另外，塗脂抹粉的行爲也會受人批評，因爲夫妻的感情不是依靠妻子的外表，如果眞的是這樣，那種愛情也不會長久。

在烏托邦，爲惡固然被處罰，爲善也可以得到讚揚。所以在市場中，樹立了很多名人的塑像，並將他們的良言善行寫下來，以便鼓勵人民做善事。處心積慮謀求一官半職的人，反而沒有陞遷的希望。行政官員如同慈祥的父母一樣，爲人民所愛戴。市長也絲毫無驕態，衣服與平民一樣，只有帽子不同。主教的衣服也與人民相同，不過在帽子上，有一個小蠟燭做標記。

烏托邦的法律很少，因爲人民都受相當良好的教育，不需要利用法律來約束行爲，他們常常笑各國的法令實在太多，人民難於記憶和理解。烏托邦沒有律師舞文弄法，他們讓人民自己陳述案件，與在律師前說的話一樣。審訊的時候，沒有繁文縟節，因爲事實是很容易發現的。法官用清晰的腦筋，辨別雙方供詞的眞僞，因爲法律簡單明瞭，容易記憶，所以每個人都是自己的辯護士。

烏托邦人的道德操守很好，所以附近的國家，常常請他們擔任行政官，一年或五年，爲期不定，任期完畢之後，創造了不少好聲名，其他國家也找烏托邦人擔任官職。因爲烏托邦人非本國人，道德又好，能夠不收賄賂、秉公辦事。他們深知政治的清明，全靠官吏的廉正。烏托邦人對於聘用烏托邦人擔任官職的國家，叫做同僚國；其他有邦交的國家，便叫做朋友國。

至於國與國之間的聯盟，烏托邦從來不曾加入。他們認為在聯盟中沒有眞的情感，有什麼用處？他們周邊國家常常締盟結約，卻又不能尊重盟約。歐洲信仰基督教的國家中，對於盟約極其遵守。這當然是因爲國王賢明公正，另一方面也由於對教皇的崇敬和畏懼，所以不能不維持信用。締結盟約而不守約定，他們認爲是可恥的。

不過在歐洲之外，信用似乎不太存在。國與國在制定盟約的時候，往往在字句間故意布置許多裂痕，之後再尋出這種破綻，把盟約根本地推翻。這種事情如果在商人往來的契約中出現，一定會被人痛罵；但是他們卻不管，他們所謂的公道有兩種：一種是適用於平民，這種公道意義絕對不可動搖；另一種是國君用的公道，意義是隨時可以有不同的解釋。就是因爲這樣，所以烏托邦人從不加入國家聯盟；但倘使他們在歐洲，心態當然要改變了。烏托邦人認爲締結盟約的宗旨是不好的，爲什麼呢？因爲締結盟約之時，先就假定人類的心理是互相仇視的，如果沒有盟約，必將導致互相殘殺；締結了盟約，友誼便可以建立起來。其實字裡行間，一有破綻，一方便可以於中牟取利益。烏托邦人則認爲他人於我沒有損害，應不疑有他。人類都是自然界中的一員，眞正的合作在乎用情感，不在乎用文字；在乎有仁愛之心，不在乎有盟約。

烏托邦人的作戰

戰爭是帶著獸性的，但是野獸之間的爭鬥，遠不如人類之間的爭戰多。所以，烏托邦人對於戰爭深惡痛絕。他們認爲戰勝的光榮，實在是光榮的反面。而爲了國家安全起見，烏托邦男女也時時進行軍事的訓練。不過他們的作戰，都是爲了抵禦外侮而作戰，有時替友邦驅敵，或爲他國人民全力作戰，以驅逐暴君，這些都是出於同情心而發動的戰爭。烏托邦人爲了主持公道而作戰，有時極爲激烈。不久之前，亞拉奧伯利坦國（Alapolitanes）的商人欺負尼法羅哲德國（Nephelogetes）的商人，烏托邦人爲幫助尼法羅哲德國而出戰，附近各國都出兵相助，後來亞拉奧伯利坦國投降，戰爭終於落幕。戰後，亞拉奧伯利坦國人民都成了奴隸，烏托邦便將這些奴隸都交給尼法羅哲德國處理。

烏托邦人爲他人作戰，無論是爲了維持公理或恢復損失，完全不爲自己利益著想。譬如本國人被其他國劫去貨物，烏托邦固然會向他國索償；假如甲國被乙國劫去貨物，烏托邦人會更加重視。因爲烏托邦的物產豐富，人民富足，被劫去一些貨物，沒有其他國家被劫去貨物那樣影響甚鉅，所以用不著作戰。如果烏托邦人在他國遇害，而他國不交出禍首，烏托邦人便會立刻宣戰；倘使他國交出禍首，烏托邦人便將他處以死刑，或強迫他做奴隸。

烏托邦人不以殘殺爲榮，作戰的時候，注重戰略，不使用詭計。如果以戰略取勝，凱旋之後，他們會豎碑紀念，視爲無上光榮，認爲這是智力的戰勝，不是血肉的戰勝。假如以血肉爭勝，那麼虎狼獅豹的力量，比人類力量更爲強！何足爲奇？人類勝過其他動物的地方，是聰明與理性，不是蠻力啊！

烏托邦人作戰是爲了達到某一種目的，目的達到之後便停止作戰。對於他國採取懲戒主義，不願多加害於人民，也不是爲了爭取榮譽。所以宣戰之後，烏托邦人會向敵人廣散傳單，言明凡是殺掉國王的人，都有重大的獎賞，殺掉傳單上列出的其他重要人員，也都分別給獎，生擒者加倍；若傳單上的人員能投降輸誠，不但可以保全性命，還可以得到獎品。

這樣的辦法，使得敵國內的重要職員互相猜忌、忐忑不安；而且因爲祭出重賞，有不少人不免爲之心動。烏托邦所給的獎賞，有大量的金子與豐腴的田地，對於履行獎賞十分重信用。他們自己也承認這是不光明甚至卑鄙的手段，不過因爲採用這種辦法，可以使戰事早日結束，可以減少雙方無辜的人喪命，爲了人道起見，也不得不如此。烏托邦人認爲敵方人民上戰場作戰，也是迫於不得已。

倘使以上的方法，都用之無效，烏托邦人便會設法擾亂敵方的政治。譬如唆使國王的兄弟或其他貴族篡位，不然就是唆使其他的鄰國，找藉口要求占領該國的某地，使得敵方有後顧之憂。在必要的時候，烏托邦還會供給大量的金錢給敵國的鄰國，並且允諾在將來作戰時，予以援助。烏托邦平時放公債於各國，所以不擔心沒錢，這時候在外國雇用傭兵協助作戰，也很方便。烏托邦東方五百哩，有個國家叫做塞波雷德（Zapoletes，瑞士在英國東南五百哩，亨利八世與法作戰時，曾在瑞士雇兵甚多），人民居住在深山野林，以田獵爲生，兇悍得很，又吃苦耐勞，不怕冷也不怕熱，最喜歡當兵作戰，只要給以重賞便視死如歸了。不過塞波雷德的士兵沒有主見，唯利是圖、反覆無常，拿到酬勞之後，便恣意揮霍（十六世紀中，瑞士也爲法國作戰）。當同國同族的人，被敵我不同的兩方面雇用時，便互相殘殺起來。

烏托邦給與的酬勞很高，所以這種人很容易受驅使。烏托邦人的用意是以毒攻毒，發給很高的酬勞，誘使他們從事極危險的冒險。烏托邦人絲毫不在意這種野蠻的人因此而送掉生命，反而認爲能因此造福於世界。

烏托邦人除了招募塞波雷德的傭兵之外，還會僱用替敵國作戰的人民爲兵，此外還有敵國友邦的兵，最後就是自己的士兵了。烏托邦人在自己的士兵中，選出一個有道德且勇敢的人爲將官，領導士兵。此外再選出兩個副將官，萬一正將官陣亡，第一個副將官可以立刻繼任；假如繼任的副將官又遭難，第二個副將官就可以繼任。作戰之時，最擔心的就是將官死亡，搖動軍心，所以一定要有萬全的準備（這與斯巴達的辦法一樣）。在烏托邦，凡是自願當兵的人，都可以應募，國家並不勉強。因爲強迫膽小的人去當兵，實在是於軍事有礙，但是爲抵禦外侮起見，他們會命令膽怯的人混在勇敢的士兵當中作戰，膽怯的人只要是身體強壯，就要應戰；不過都會命令其待在船中，或令其背牆作戰，使之無法可逃。在這種情形之下，膽怯的人也只好奮勇作戰，不顧生死了。

男子作戰，都是自己情願的；女子如果願意加入，國家也很歡迎。作戰的時候，往往看見夫妻父子，在同一處作戰，共同合作；倘使戰爭結束之後，丈夫或妻子僅一個人回家，或者僅兒子一個人回家，他們都認爲這是極大恥辱。敵人如果打到烏托邦人的面前，他們便會奮不顧身地拚死一戰。「寧爲玉碎，不爲瓦全」是他們的作戰宗旨，當然能夠不開戰最好；眞要作戰，便要不顧死生，有進無退的作戰。因此他們作戰的時候，不可能有絲毫的退讓。因爲他們平日的生活，是安定，是舒適，所以他們願意不顧一切，爲國出征。因爲他們知道，只要國家繼續存在，他們的子孫就可以繼續享有好的生活。況且他們平日騎馬練劍都很扎實，所以臨時上陣也很有自信；加上平日就受道德的鼓勵，以及法律上的約束，因此只要一有戰事，勇氣是可以油然而生的。烏托邦人對於生命，既不過於輕視，也不過於重視，這是道德與法律上的涵養所養成的。

陷入鏖戰的時候，烏托邦人會精選出一組勇敢善戰的敢死隊打衝鋒，以便殺死對方的隊長或軍官。如果捉住對方的兵士，並不會置之於死地，往往會將敵人俘虜回國。他們在追擊敵軍的時候，也留下一部分人在後方防守，因爲追擊的時候，往往會在路上遇到伏兵，被甕中捉鱉，反而轉勝爲敗了。烏托邦人是工於安排伏兵，還是工於躲避伏兵，這很難說，不過當他們遇到伏兵時，從不脫逃；如果偵查出前面有伏兵，他們便在日間暗地設法移營，利用夜間慢慢地退守，毫無聲息。他們的紮營的地方，四面都掘有深而廣的壕溝，這些都是兵士們親手挖掘，他們挖掘壕溝的神速令人難以置信。

烏托邦的軍裝堅固而又靈巧，便於活動，甚至於可以穿著軍裝游泳。他們的射擊很準確，無論步兵或是騎兵，都是如此。短兵相接的時候，他們不用劍而用斧頭。這種斧頭，在砍殺時十分鋒利，並且可以運用自如。烏托邦對於軍器的研究、製造，眞是無奇不有，不過研發時必定嚴守祕密，惟恐失敗而被人恥笑，反而無濟於事。他們在製作兵器的時候，優先考慮的一點是要便於攜帶。

烏托邦如和敵人訂立停戰協議，便十分遵守，即使對方挑釁也不破壞協定。戰爭中，烏托邦人絕不毀壞敵人的田地，也不搶奪糧草、不踐踏田裡的作物，反而會替敵人保護。只要敵方的平民不是士兵，也不是奸細，就不侵犯他們投降的城鎮。烏托邦人在攻下的城鎮，也禁止搶劫。他們對於頑強抵抗的首領，會處以死刑，其餘士兵則多半貶爲奴隸。至於無辜的人民，一概不加傷害，勸降有功的敵人給予犒賞。他們會將其餘沒收的財物，送給友軍；自己則是分文不取。

戰爭結束之後，烏托邦不向友邦索取費用，一切戰爭支出由戰敗的國家賠償。賠償的時候，一半付現金，以備用於其他戰事；一半爲田地的收入，每年徵收一筆貢金。烏托邦每年在各國徵收的田地貢金，已經有數百萬金了。他們有時派遣公民到這些地方居住，擔任經理收稅；有時委託別國代爲經理。他國如有侵犯烏托邦在外的土地，烏托邦便先出兵到外國去應戰，以免本國變爲戰場。

烏托邦的宗教

烏托邦的宗教很多元，往往一個城市之中，會有好幾種宗教。有人崇拜太陽，有人崇拜月亮，有人崇拜行的，有人崇拜古代英雄，不過絕大多數的人最普遍信仰的是崇拜宇宙之神。這個神是永恆的，遠遠超過人類所能理解，祂不可見，不可測，道德崇高，威嚴永世無盡，是宇宙的創造者，萬物的起源、生長、發育、演化、老死都歸之於祂，是全世界的創造者和主宰。

雖然烏托邦人所信仰的神很多，不過只有一個至高的神，他們稱之密特拉（Mythra，波斯的太陽神，也叫做密特拉）。不過每個人對於密特拉這個神，都持有不同的觀點。但烏托邦人也都認爲密特拉至高無上，由於祂無比的力量和威嚴，萬物才形成。後來他們對於宗教上各種混亂的信仰逐漸減少，相信注重理性的宗教，才是最高的宗教。

烏托邦人後來聽見講述耶穌基督的名字、教義、品德、神蹟，還有他的門徒不惜爲宗教犧牲性命，如此堅貞不屈的精神，因此得以讓此宗教廣爲傳播。他們聽聞之後，都極爲贊同，認爲耶穌基督的精神，與他們的信仰精神極爲相似。另一個讓他們能接受耶穌基督的理由，可能是基督門徒公共生活的方式，讓不少烏托邦人接受了這樣的信仰，並接受受洗以及正式入教的儀式。

我們本來共有六個人到烏托邦，中途有兩個人去世，剩下四人。在這四個人當中，沒有一個人是教士。所以雖然烏托邦人經過受洗，但只有眞正的神父能讓教徒領受聖餐，我們實在無法處理。他們也希望在自己國人中，選出一個教士，可是當我們要離開的時候，他們尚未選出。烏托邦人民對於信仰宗教抱持開放的態度，對於信仰耶穌基督的人並不反對。不過有個人在受洗之後，便開始對耶穌基督教義極爲狂熱，談到教義就態度激昂，還大罵其餘宗教的不是。因此爲政府逮捕，認爲他挑撥人民的情感，將他流放到邊遠之地。事實上，烏托邦的法律有規定，不准人民干涉任何他人信教的自由。

從前當烏托伯還沒來的時候，烏托邦的人民因爲宗教上的紛歧，常常發生爭執，釀成內戰。因此，當烏托伯統一全島之後，便首先下令，吩咐人民信教應各隨所好，不得存門戶之見，違反者就派去從軍或罰爲奴隸。這種規定不但可以維持和平，對宗教本身也有利。烏托伯極爲反對強迫他人信教，他認爲強迫和威脅人人都接受你心目中的眞理，既蠻橫又愚笨。即使世界上眞的只有一種宗教是眞理，那麼這個眞理本身的自然威力，遲早會呈現出來，並受到重視。倘使以固執好辯的方法宣傳，反而於宗教本身不利，所以烏托伯不替任何宗教宣傳，只勸人民自由信教，不要盲目相信人死後沒有靈魂，或是世界受盲目的擺布而令神意無法支配，那就可以了。烏托邦人認爲死後有善惡的報應，凡是不相信這種學說的人，烏托邦人會認爲他不配爲人，因爲他把自己靈魂的崇高本質，貶低到和動物軀體一般粗鄙。這種人更不能是烏托邦公民，因爲既不怕死後的制裁，一定也不怕現行的法律，這種人爲了滿足私人的慾望，會想盡辦法逃避法律制裁；或是作奸犯科，爲人所不齒。但是這種人在沒有犯罪之前，也沒辦法處置，只能勸導他瞭解眞理，不要沉於迷途，希望他終有覺悟的一日。

此外在烏托邦還有一些人，不是壞人，不過他們的見解也很玄妙得很。他們認爲野獸和人類一樣具有靈魂，但是地位與命運大大的不如人的靈魂。烏托邦人深信，人死後的靈魂可以上天堂享樂。所以他們會憐惜生病的人，但這樣的死亡不用憐惜。死於非命或極度不願離開人世的靈魂，是不爲天國所歡迎的。他們對於這樣死亡的人，會葬之埋之，非常的恭敬憂傷，並且替死者禱告，祈求上帝原諒死者的罪行。至於坦然接受死亡，迎接死亡的人，他們不但不哭，還會在歌聲中爲其舉行喪禮，充滿深情地將死者的靈魂交給上帝，死者的靈魂必將受天國的歡迎。於是懷著崇敬的心情，爲死者火葬，並立碑紀載他的生平。回家之後，還會一起聊著關於死者的性格和事蹟，尤其讚揚死者臨死時的怡然自得。他們認爲這樣做，可以鼓勵在世者嚮往道德，並且可以藉此安慰死者的靈魂。他們認爲當談到死者時，死者的靈魂就會出現在我們的面前，只是我們看不見罷了。既然與死者在生前有情感，死後也不可拋棄他。死者的靈魂對於我們的行爲，仍舊關心著，所以我們決不可爲非作歹。

烏托邦人極度輕視關於迷信的一切占卜，例如他們不相信鳥類的飛鳴代表什麼預兆。但是他們相信上帝的神蹟，所以當有疑難的時候，他們總是會禱告，並祈求奇蹟降臨，抱著心誠則靈的信心，最終求而必應。在烏托邦，還是有一些人，因爲宗教的關係，不從事專門知識學術的探討。不過這些人決不是懶惰，他們認爲死後要得到幸福，還是靠著勤苦的工作。於是他們有些人照顧病人，有些人幫忙築橋修路，與平常人沒有分別，而且做事格外的勤勞。無論什麼苦差事，他們都不以爲苦。一般人覺得勞累、討厭、粗重的工作，他們卻能心情愉快地把這些工作全部承攬下來，以減少別人的工作，因此沒有人不敬重他們。

這種熱心宗教的人，可以分爲兩類：一類的人不結婚、不與婦女往來、不吃葷菜、不要世間一切的快樂，他們一心一意期待來世很快地降臨。同時他們逍遙愉快又積極；第二類的人，對於在工作方面也很能吃苦，不過他們認為人生就是要結婚、生子。凡是不妨礙工作的快樂，他們也都接受。他們喜歡吃肉，認為吃肉可以讓身體強壯，可以更努力工作。烏托邦人認為這第二類的人更加聰明；而第一類的人比較神聖。烏托邦人注重研究宗教的人，所以對於這兩類人，都十分敬重。

烏托邦的教士都是極神聖壯嚴的人，所以人數很少。一個城市之內，有十三位教士，作戰的時候，有許多教士從軍，城裡就只留四位教士，於是增加新的教士，以補充之。戰事結束之後，從前的教士仍回來照舊服務。教士都歸主教管理，主教由人民投票選舉產生。教士的職務為宗教上一切事業，主持禮拜，掌管宗教儀式，監察社會風紀。如有人因為行為不檢，為教士所斥責，這便是極大的恥辱。

教士的職責在於勸說和告誡，人民犯罪則由市長或行政官加以處罰。至於行為放蕩的人，教士可將他們逐出教會，不允許參加禮拜。這是烏托邦人所最害怕的一種處罰，因為這樣一來，他們必須承受內心的痛苦，和對上帝的內疚。如果他們這樣還不向教士表示懺悔之意，參議會就會加以逮捕處罰。

教士又有教育兒童和青年人的職責，他們不但灌輸學識與青年人，並且加以禮節上和道德上的訓練。因為兒童和青年人意志不堅，血性未定，灌輸有益的教訓與他們，是最容易根深蒂固，使得青年人將來爲國家服務時，有特殊的貢獻，不致受外來的引誘。

在烏托邦裡，也有女教士，不過爲數極少，由年長的寡婦擔任（摩爾後來撰文反對新教，不主張女教士和教士結婚），是全國婦女最高的位置。所有教士如果犯罪，不是移送法庭，而是交由上帝和他自己的良心裁判。因爲教士們的身體已獻給上帝，只能受上帝的責罰；不過教士人數很少，而且教士都是非常愼重選出來的，做了教士之後，人人也特別自愛自重，不致於爲非作歹。所以烏托邦人對於教士，選派極嚴，除非道德著名於時的人，不以之入選，並且人數極少，都是因爲萬一不得其人，反於宗教事業有損無益了。

因此烏托邦的教士不但爲本國人所敬重，也爲外國人所敬重。在軍隊之中，他們祈禱和平及本國勝利，不希望有流血的戰爭（當時有親自加入戰線的教士，所以摩爾有此種諺語）。倘使自己這方的軍士戰勝，他們便前往火線中，阻止本國軍士不要多加殺人劫物。有時候本國兵敗卻的時候，只要他們上前，也可以免去不少屠殺；且講和之時，條件也比較公允，因爲人們都敬重教士，不願摧殘、侮辱他們。

每年或每月的第一日和最後一日，都叫做聖日。一年有十二個月，計月按照太陰，計年按照太陽，每年每月的第一日，叫做首日，最後一日，叫做末日。

烏托邦人的教堂非常華麗，並且宏大寬敞，顏色偏深暗，因為他們認為鮮明的顏色，會使人們的思慮紛雜；深暗的顏色則比較可以使人聚精會神以虔修與禱告。在烏托邦，因為大家的信仰不相同，然而信仰的表現形式雖然不一樣，但是都是崇拜神。因此，教堂內都與普遍的一切信仰不矛盾。任何教派如有其自己儀式，可在每人家中舉行。他們所用的宗教儀式，是極普通的一種；特殊的宗教儀式，不能在這裡舉行。教堂中沒有上帝的神像，只稱上帝為密特拉。禱告時所用的禱告文，是極普通的話，對於任何宗派都沒有衝突。

他們禱告都是在每年每月的末日晚上，並且預先禁食，以便感謝上帝給他們一年或一月中許多平安的日子。第二天（首日）的禱告，是請上帝給與他們未來平安吉利的日子。在每年每月末日那一天，妻子對於丈夫，子女對於父母，都要跪下來請求恕罪，以便過去的誤會可以冰消瓦解，做禱告的時候，良心上也沒有什麼歉疚了。如果對於別人有私恨，也要放下，以免受到譴責。

在教堂裡，男子坐右邊，女子坐左邊（這是當時的風俗）。順著各人家長的領導，依次坐下，秩序良好，就像在家中一樣。坐下的時候，長幼夾雜，以便可以隨時指導，免得孩童聚集在一處互相嬉戲，失去禱告的用意，反而傷害了道德上的修養。

祭禱的時候不殺牲畜，因爲上帝慈悲，決不願看見殺牲的舉動。有燒香燃燭，他們並不是認爲香燭有神聖的意味，不過可以使人們誠心禱告，虔敬之心油然而生。禱告的時候，大家都是穿著白色的衣服，教士穿著各色的法衣，做工精細，但是布料並不貴重，外套沒有繡金，也沒有珠寶鑲嵌，而是用鳥羽巧妙織成。他們說這種衣服，可以代表感謝上帝賜福的心意。

教士從教堂內部出來時，立刻跪下，大家也隨之跪下，全場肅穆，寂靜無聲，好像上帝眞正降臨一樣。之後，教士做手勢，請大家起來，於是教士們唱聖詩（摩爾喜歡宗教與音樂，擔任宰相時，也在唱詩班裡唱詩），並且有很多的樂器合奏。烏托邦的樂器有幾種不如我們，但是有幾種比我們所有的都好。他們的樂器和歌唱，音調和悅，很能表現情感，不但唱聖詩時這樣，即使是平時唱的歌謠小曲，哀輓的調子，所表現出來的喜怒哀樂，都十分蕩氣迴腸。

最後全體誦讀禱告文，是一段簡短曉暢人人心中所想說的話。大概是承認上帝是我們的創造主，統治世人，並且替我們造福，使我們有清明的政治、富強的國家、完美的宗教；如果有更好的政治和更好的宗教，他們也願意知道，否則便請上帝讓他們和世界上的人類，永遠享受這種政治的幸福和這種宗教的信仰，並希望死後可以接近上帝。爲了能夠早日接近上帝，寧願死於痛苦，也不願貪戀這個塵世。唸完禱告詞之後，烏托邦人會跪下片刻，然後起身出去用膳。這一天剩下來的時間，便用於遊戲和軍事訓練之中了。

烏托邦的政治是世界最良善的政治，也眞的能實際做到公共福利的地步。別國的政治，在口頭上說謀求公共福利，實際上謀的卻是私人的福利。在烏托邦中，沒有私人的東西，所以公共福利，爲人人所渴望，這時謀公立或謀私利，並沒有什麼分別。他國的人民，無論國家富足與否，個人倘使不預備糧食，便要餓死。在烏托邦中，只要倉儲充實，人人不怕沒有飯吃。人人沒有什麼東西，卻都很富足。這裡絕對沒有乞丐，處處家給人足，不需要傷神自己的財產受妻子的無謂需索；對於子女的生活和婚嫁費，也用不著愁慮；子子孫孫享盡豐衣足食之樂，這是何等的快事！至於年老生病不能做事的人，也有人可以幫忙照顧。

烏托邦的公道是眞正的公道，與他國所謂公道，大不相同。比方他國的銀行和重利貸錢的人，終日無所事事，或者做一些與公共利益無關的事業。但是這些人安富尊榮，生活異常的舒適；至於木匠、鐵匠、農民、車伕等，終日辛苦如牛馬一樣，所做的事卻與公共福利極有關係，完全密不可分，但是收入卻不過僅足以供溫飽，生活狀況拮据可憐。和那些豐衣足食不憂將來的人相比，眞是太沒有天理了。這些辛苦工作的人，勤苦度日，年紀太大不能工作的時候，便是走到絕境，因爲以前的收入有限，僅能糊口，根本沒有餘錢可以儲蓄作爲養老金。

這樣看來，貴族們以及銀行的人終日飽食安居，窮奢極欲，反而獲得好處、財富；鐵匠、木匠、車伕等苦工，與公共福利有密切的關係，反而沒有養老的待遇，這是何等的不公平？工人們一部分的汗血錢，受國家立法的支配，必須繳稅供給富人們享用；到了年老之後，貧病交加，卻只有被國家屏除放棄的立法，這樣還有公道嗎？

現代各國的政治不過是富人的陰謀，假借公共福利的名義，用來謀取私人的財富而已。獲得之後，又用盡千方百計，以保存他們的財產，惟恐被人劫去。於是再藉公共福利的名詞，立了許多法律；這與烏托邦的政治，相去未免太遠了。在烏托邦根本不需要用到錢財，對於富人的陰謀，能夠澈底根除；對於人們的憂慮，能夠掃除淨盡。因爲沒有錢財，所以一切爭奪、劫掠、殺害等等行爲，都不會產生；一切生活上的煩悶、恐慌、顧慮與苦作，也不會出現。窮苦便是因爲沒有錢財，假如本來就不需要錢財，那麼窮苦也可以絕跡了（柏拉圖的《共和國》一書，也主張廢除貨幣）。

要如何才能明瞭這個道理呢？假設，我們正經歷一個收成不好的荒年，好幾千人正等著餓死，但是在富人的倉儲中，卻仍舊囤積不少稻穀，要是餓死的人當初可以分到這些糧食，那麼氣候不好造成的欠收，就不會有所影響。倘使世界上沒有金錢作祟，生活上怎麼會有這種現象發生呢？其實沒有金錢，便沒有顧慮，這種樂趣富人未嘗不知道；不過之所以變成這樣的緣故，我認爲是被人類驕傲的心所牽累了，這種驕傲之心不是以富人爲對象，而是以貧人爲對象，倘使沒有貧苦的狀況，富人的生活如何炫耀？人類有一種驕傲心，便是想將貧民的錢財，剝削到自己身上來炫耀；到了那時候，要想除去這種心理，也是欲罷不能了。

烏托邦的這種政治，我眞心希望各國都能採用。烏托邦人能夠有這種政治，並且能永久維持這種政治，實在是一件很幸福的事。最好的現象就是連導致內亂的根源，都能連根拔起，消滅殆盡。因爲沒有內亂，所以外侮也無由而至。從前有幾次外侮，最終都被烏托邦人打退。

拉斐爾說完了他的故事，我心裡想想，烏托邦的立法也有不合理的，譬如軍事訓練、宗教儀式和不用貨幣等等都是。不過他已經說得很疲倦，我想他一定不願意再和我辯論，我便不多說了，只說這些辦法很好，他的敘述也很不錯，於是請他一起吃晚飯，希望將來再找時間，與他詳細討論這些事。雖然我不能完全同意他所說的一切，但我承認烏托邦有很多特色和做法，我會希望自己的國家、城市有一天也能參考借鏡。

拉斐爾下午所談的關於烏托邦的政治法律，便就此告一個段落。

湯瑪斯·摩爾年表

年代	生平記事
一四七八年	• 出生於倫敦。
一四九二年	• 到坎特伯雷大主教約翰・莫頓（John Morton）家當僕人。
一五〇四年	• 當選議員，進入英國國會。
一五〇五年	• 娶珍・柯爾特為妻。 • 與伊拉斯謨共同譯書。
一五一一年	• 珍・柯爾特過世，遺有三女一子。 • 娶愛麗絲・米德爾頓為妻。
一五一三年	• 完成《理查三世》（*Richard III*）。
一五一五至一五一六年	• 被派往法蘭德斯（Flanders）談判貿易事務。 • 完成《烏托邦》（*Utopia*）一書。
一五一八年	• 被亨利八世升為樞密使。
一五二一年	• 擔任財政大臣。
一五二三年	• 經大法官湯瑪斯・沃爾西提名，成為下議院議長。
一五三四年	• 因拒絕對繼承法宣誓而被囚禁於倫敦塔。 • 在獄中完成《快樂與苦難對話錄》。
一五三五年	• 因反對英格蘭國王亨利八世在英國自創聖公宗並兼任教派領袖被處死。

譯名對照表

書名

《上帝之城》 *Augustine's City of God*

《大洋國》 *Oceana*

《太陽城》 *The City of the Sun*

《回顧》 *Looking Backward*

《自由之地》 *Freeland*

《快樂與苦難對話錄》 *Dialogue of Comfort Against Tribulations*

《格列佛遊記》 *Gulliver's Travels*

《理想國》 *Plato's Republic*

《現代烏托邦》 *Modern Utopia*

《愚人頌》 *The Praise of Folly*

《新大西島》 *New Atlantis*

《魯賓遜飄流記》 *Robinson Crusoe*

三劃

小邏輯 small logicals

四劃

巴里夫 Babeuf

五劃

加塞爾 Cassel

卡貝 Cabet

尼法羅哲德國 Nephelogetes

布魯日 Bruges

布魯塞爾 Brusels

六劃

伊拉斯謨 Desiderius Erasmus

伊莉莎白皇后 Queen Elizabetb

安妮・博林 Anne Boleyn

至尊法案 Act of Supremaey

七劃

亨利八世 Henry VIII

伯郎 Blanc
希波克拉底 Hippocrates
希羅多德 Herodotus
希羅底安 Herodian
村長 phylarch
沃爾西 Cardinal Wolsey
里長 syphogrant

八劃

亞里斯多芬尼 Aristophanes
亞拉奧伯利坦國 Alapolitanes
亞美利哥・維斯普奇 Amerigo Vespuci
亞馬烏羅堤 Amourote
亞歷德河 Anyder R.
坦西斯 George Temsice
坦斯泰爾 Cuthbert Tunstall
彼得・賈爾斯 Peter Giles
拉斐爾 Raphael Hithloday
拉斯卡利斯 Lascaris
波利來賴塔人 Polylerites
法布里斯 Fabrice
阿涅摩林國 Anemolians
阿爾達司 Aldus

九劃

威廉・羅勃 William Roper
威爾斯 H. G. Wells
柏涅特 G. Burnet
珍・柯爾特 Joan Colt
約翰・莫頓 John Morton
迪奧斯克理德斯 Dioscorides

十劃

修昔底德 Thucydides
泰奧弗拉斯托斯 Theophrastus
烏托伯 Utopus

烏托邦　Utopia
烏托邦學說　Utopianism
特里西斯・阿比奈德　Tricius Apiuatus
索福克勒斯　Sophoeles
馬加利人　Macariens

十一劃

密特拉　Mythra
荷馬　Homer

十二劃

傅立葉　Fourier
凱薩琳王后　Catherine of Aragon
斯多葛主義　Stoicism
普魯塔克　Plutarch
鄉長　tranibore
開萊　A. Cayley

十三劃

塞波雷德　Zapoletes
愛德華・貝拉米　Edward Bellamy
愛麗絲・米德爾頓　Alice Middleton
聖母院　Notre Damo
聖西門　Saint Simon

十四劃

蓋倫　Galen
赫塞齊烏斯　Hesichius
赫資加　Theodor Hetzka

十五劃

摩萊里　Morelly
歐里庇得斯　Euripides
魯賓遜　Raiph Robinson

十六劃

盧其安　Lucian
盧新　Lucian
盧萬城　Louvain

十七劃

戴歐尼修斯王　King Dionysus

十八劃

薩佛納羅拉　Savonarola

經典名著文庫 043

烏托邦

作　　者 —— 湯瑪斯・摩爾（Thomas More）
譯　　者 —— 劉麟生
發 行 人 —— 楊榮川
總 經 理 —— 楊士清
總 編 輯 —— 楊秀麗
文庫策劃 —— 楊榮川
副總編輯 —— 劉靜芬
責任編輯 —— 林佳瑩、高丞嫻、游雅淳
封面設計 —— 姚孝慈
著者繪像 —— 莊河源
出 版 者 —— 五南圖書出版股份有限公司
地　址 —— 台北市大安區 106 和平東路二段 339 號 4 樓
電　話 —— 02-27055066（代表號）
傳　真 —— 02-27066100
劃撥帳號 —— 01068953
戶　名 —— 五南圖書出版股份有限公司
網　址 —— https://www.wunan.com.tw
電子郵件 —— wunan@wunan.com.tw
法律顧問 —— 林勝安律師事務所　林勝安律師
出版日期 —— 2018 年 8 月初版一刷
—— 2021 年 3 月初版二刷
定　　價 —— 180 元

國家圖書館出版品預行編目資料

烏托邦 / 湯瑪斯・摩爾 (Thomas More) 著；劉麟生譯 . --
初版 -- 臺北市：五南圖書出版股份有限公司，2018.08
面；公分 . --（經典名著文庫；043）
譯自：Utopia
ISBN 978-957-11-9716-6(平裝)

1. 烏托邦主義

549.815　　107006771